Mente e Simulação

FEVZI H.

MENTE E SIMULAÇÃO

Nossa Percepção da Realidade é uma Ilusão?

2025

Mente e Simulação

Fevzi H.

CONTEÚDO

Sobre o autor

Eu sou Fevzi H. , um pensador e autor com profundo conhecimento nos campos da ciência e filosofia, explorando conceitos multidisciplinares. Questionando os limites entre os mundos físico e metafísico, estou em uma jornada intelectual para entender a natureza universal da consciência. Por anos, tenho pesquisado tópicos como consciência, mecânica quântica, universos paralelos e inteligência artificial, combinando teorias científicas com abordagens filosóficas para me aprofundar mais nas complexidades da mente humana.

Em meus escritos, apresento ideias radicais sobre a natureza da consciência e sua conexão com o universo. Ao examinar não apenas dados científicos , mas também a herança intelectual da humanidade, pretendo oferecer aos meus leitores novas perspectivas. Meu estilo de escrita gira em torno da simplificação de teorias complexas e do uso de uma linguagem que incentiva o pensamento profundo.

Cada uma das minhas obras convida os leitores a darem mais um passo em direção à descoberta dos mistérios do universo e da consciência. Ao fundir o pensamento científico moderno com a investigação filosófica, ofereço perspectivas inovadoras e instigantes sobre a natureza da consciência e suas conexões universais.

Prefácio

A natureza da realidade tem sido uma das questões mais profundas e desconcertantes da humanidade. Nós realmente existimos da maneira como percebemos, ou nossa experiência da realidade é meramente uma ilusão? O mundo apresentado a nós pelos nossos sentidos é uma representação fiel da verdade, ou é uma simulação sofisticada criada por nossos cérebros? De filósofos antigos a físicos quânticos modernos, essa investigação moldou os próprios fundamentos da nossa compreensão.

Este livro reúne múltiplas disciplinas para explorar os limites da percepção, da consciência e do próprio universo. Com base na filosofia, neurociência, física quântica e inteligência artificial, ele se aprofunda nos mistérios da existência e na possibilidade de que o que chamamos de "realidade" possa ser algo muito mais complexo do que supomos.

Pelas lentes de pensadores como Platão, Descartes, Berkeley e Bostrom, examinamos perspectivas filosóficas sobre a natureza da realidade e a possibilidade de que possamos estar vivendo em uma simulação. Ao mesmo tempo, exploramos as últimas descobertas científicas, desde os princípios bizarros da mecânica quântica até a *capacidade do cérebro de moldar a percepção e as implicações da inteligência artificial na criação de novos mundos simulados.*

Se estamos vivendo em uma simulação, o que isso significa? O universo é uma construção matemática, governada por códigos e algoritmos? Nosso cérebro não está apenas vivenciando uma simulação, mas também gerando a sua própria? E talvez a pergunta mais intrigante de todas — se estamos dentro de uma simulação, há alguma maneira de escapar?

Este livro é uma jornada intelectual pela intersecção de ciência, filosofia e tecnologia, projetada para aqueles que buscam desafiar os limites de sua compreensão. Esteja preparado para repensar tudo o que você sabe — porque a realidade pode não ser tão real quanto parece.

CAPÍTULO 1

Os fundamentos da nossa percepção da realidade

1.1 O que é a realidade? A linha entre a percepção e a verdade

A realidade é um dos blocos de construção fundamentais de nossas vidas; ela forma a musa sobre a qual tudo repousa, e constitui o espaço onde existimos e vivenciamos o setor. No entanto, esse conceito tem sido a preocupação da investigação filosófica ao longo da história humana. O que é realidade? A realidade é a essência de tudo, ou estamos simplesmente enraizados em um fantasma? Essas questões foram examinadas de visões filosóficas e científicas, levando ao desenvolvimento de vários pontos de vista. A linha entre verdade e percepção é vital para essas informações.

Em frases filosóficas, a realidade é de vez em quando usada para se referir ao objetivo internacional, no entanto, também pode ser definida como uma montagem moldada com o auxílio da noção. Para chegar perto de que tipo de verdade estamos falando, precisamos primeiro esclarecer o significado da palavra "fato". A realidade é normalmente entendida como os estilos de vida de itens externos, independentes da noção humana. Acredita-se que essas entidades existam independentemente do nosso reconhecimento delas. No entanto, a interpretação do objetivo do fato deixa clara a linha entre percepção e fato?

Os estilos de vida dos fenômenos físicos que incluem a Terra, o sistema solar, as galáxias e a forma do universo podem ser confirmados por meio de declaração clínica. Esses fenômenos sugerem os estilos de vida de um mundo além do foco humano. No entanto, a questão de se há ou não uma forma mais simples de realidade permanece mais complicada. A realidade é uma construção absolutamente consagrada pelo tempo ou é uma forma formada por meio das percepções de cada indivíduo?

A percepção é a experiência mais próxima que devemos ter da verdade. No entanto, a crença é uma técnica privada e subjetiva. Nossos sentidos obtêm fatos do mundo externo, que são então interpretados e compreendidos por meio da mente. Mas a precisão de nossa noção depende de como nossa mente planeja os registros sensoriais. Em outras palavras, a realidade externa é reconstruída em nossas mentes por meio de procedimentos exclusivos em nossa mente.

Nossos cérebros não entendem melhor os registros de nossos sentidos, mas também os combinam com nossos estudos além, informações culturais e ideais pessoais. Dessa forma, uma pessoa também pode desfrutar da verdade de uma maneira diferente de todas as outras, porque a crença varia de acordo com a estrutura cerebral, o estado emocional e o passado histórico de cada personagem.

Fevzi H.

Por exemplo, alguém parado em uma rua movimentada e barulhenta da cidade também pode entender o caos de uma forma única. Para eles, o grupo também pode parecer uma bagunça e confusão, enquanto para outro homem ou mulher, esse caso possivelmente seria apenas uma parte cotidiana da existência cotidiana. Essas diferenças destacam o quão subjetiva é a noção e mostram que cada pessoa analisa a realidade de uma forma completamente única.

A verdade é geralmente entendida como um fato objetivo. Isso consiste em entidades imutáveis, como as diretrizes legais da natureza, verdades matemáticas ou padrões padrão que existem independentemente do tempo e da área. Em termos filosóficos, fato se refere àquilo que se alinha com "fato"; em outras palavras, fato se conforma ao fato. No entanto, questionar os estilos de vida da verdade tem sido um tópico de discussão na filosofia há muito tempo.

Muitos filósofos argumentaram que a realidade existe além da percepção humana. Platão buscou fatos no reino dos ideais e recomendou que o global corporal se tornasse meramente uma sombra desse fato superior. Esse ângulo serve como um lugar essencial para começar a pensar a natureza do fato e do conhecimento, a estrutura restrita do conhecimento humano. De acordo com Platão, os fatos existiam mais no reino intelectual do que no exterior internacional.

Por outro lado, o conhecido ditado de Descartes "Eu assumo, consequentemente eu sou" vê o fato como um processo de verificação individual. Descartes duvidou da vida do corpo global , mas afirmou a compreensão dos pensamentos. Esta técnica dá a percepção como uma técnica intelectual que permite que um indivíduo acesse o fato.

A linha entre crença e realidade é importante para entender como esses dois padrões interagem e moldam cada um diferente. Enquanto a realidade é regularmente visível como um reflexo da crença, a verdade permanece uma ideia mais profunda. O conhecimento humano pode não ter acesso imediato ao fato, no entanto, ele tenta interpretar e fazer experiência do internacional externo por meio da crença.

Neste contexto, a realidade é frequentemente visível como uma verificação de objetivo, mas devido ao fato de que as percepções das pessoas sobre a realidade variam, a verdade assume um significado único para cada indivíduo. Por exemplo, um cientista pode realizar experimentos para reconhecer o caráter do mundo físico, ao mesmo tempo em que um artista também pode ter como objetivo expressar a verdade em frases sensoriais e estéticas. Ambos estão tentando encontrar a verdade, no entanto, cada um segue uma rota única, e cada caminho exibe uma faceta única do fato.

A natureza da realidade é um enigma que tem sido abordado de cada ponto de vista filosófico e médico. A percepção desempenha uma função fundamental como nosso prazer mais próximo da realidade, ao mesmo tempo em que a realidade representa ideias imutáveis e costumeiras. A linha entre os dois pode frequentemente ser tênue e ambígua. Nossas mentes só percebem a realidade de forma limitada, e essa percepção consiste em uma verdade única para cada homem ou mulher.

Em última análise, mesmo que a verdade possa permanecer uma vida definida dentro do exterior internacional, a crença e a realidade são construções privadas e sociais que podem ser continuamente questionadas. Esse processo nos leva a uma experiência mais profunda do caráter do fato, tanto no caráter quanto nas faixas típicas.

1.2 O Cérebro e o Processamento de Informação: A Conexão Entre o Mundo Externo e a Nossa Mente

A mente é um dos órgãos mais complexos e essenciais dentro do corpo humano, servindo como o centro de controle para todas as capacidades cognitivas, desde procedimentos básicos de manutenção da existência até os fatores mais superiores de crença, raciocínio e atenção. Nosso conhecimento do mundo ao nosso redor não é melhor feito de nossas histórias sensoriais, mas também da difícil capacidade da mente de processar, interpretar e integrar essas informações.

de dados excepcionalmente de última geração . Ele recebe informações do mundo exterior por meio de órgãos sensoriais — que incluem os olhos, ouvidos, narinas e pele — que convertem estímulos corporais em sinais elétricos que podem ser interpretados com a ajuda do cérebro. O cérebro então tática esses sinais, combina-os com relatos e reminiscências anteriores e gera uma representação coerente do fato.

O dispositivo central preocupado desempenha um papel importante neste método. Quando a luz entra na atenção, ela é refratada por milhas na retina, onde células especializadas (fotorreceptores) convertem a luz em alertas elétricos. Esses sinais viajam pelo nervo óptico até o córtex visível, que processa os registros visuais e contribui para a criação da imagem que entendemos. Da mesma forma, os sons são capturados pelos ouvidos e transformados em indicadores elétricos que podem ser enviados ao córtex auditivo para interpretação.

No entanto, essas entradas sensoriais não são virtualmente transmitidas de sua forma crua. A interpretação do cérebro das estatísticas sensoriais é estimulada por meio de processos cognitivos, incluindo atenção, expectativa, emoção e compreensão anterior. É isso que nos permite criar um modelo intelectual da arena ao nosso redor, onde percebemos e reagimos a objetos, pessoas e situações de uma forma que não é apenas proposital, mas também significativa para nós.

Nossas estruturas sensoriais nos oferecem dados importantes sobre o mundo externo, no entanto, o cérebro é responsável por dar sentido a essas informações. Por exemplo, enquanto tocamos em um item quente, nossos poros e pele detectam a mudança de temperatura, e os neurônios sensoriais enviam essas estatísticas para a medula espinhal, que então transmite o sinal para o cérebro. A mente planeja esses fatos, compara-os com histórias anteriores e registra a sensação de dor. Esse sistema acontece tão rapidamente que muitas vezes o percebemos como uma reação contínua e imediata.

Mas a noção não é apenas sobre a entrada bruta que recebemos de nossos órgãos sensoriais; é também sobre como o cérebro organiza e interpreta essas estatísticas. O cérebro está constantemente fazendo previsões sobre a arena com base em avaliações além. Essas previsões ajudam a técnica de informações sensoriais mais corretamente. Esse fenômeno é conhecido como codificação preditiva e permite que o cérebro gere respostas rápidas ao mundo sem ter que processar cada pequeno pedaço de registros em tempo real.

Por exemplo, enquanto vemos um objeto se aproximando de nós, o cérebro faz uso de suas informações precedentes para antecipar a trajetória do item e modificar nossas respostas, portanto. Este processo preditivo nem sempre é restrito a reflexos simples, mas se estende a capacidades cognitivas complicadas, consistindo em compreensão da linguagem e interações sociais.

Uma das características mais incríveis do cérebro é seu potencial de combinar informações de modalidades sensoriais especiais em uma percepção unificada da arena. Essa integração multissensorial nos permite criar uma versão mental coesa da realidade, apesar da verdade de que as informações que obtemos de sentidos distintos são processadas em áreas separadas da mente.

Por exemplo, quando observamos alguém falar, sistematizamos as estatísticas visíveis (incluindo movimentos labiais) dentro do córtex visual e os fatos auditivos (como sons) dentro do córtex auditivo. O cérebro então integra esses recursos de registros para gerar uma percepção da fala que mistura cada um dos componentes visuais e auditivos. Essa integração nem sempre é ideal, e de vez em quando a mente se baseia mais em uma experiência do que em qualquer outra, como enquanto ainda podemos apreender uma troca verbal em um ambiente barulhento por meio de depender mais de pistas visuais.

Curiosamente, a mente também pode integrar informações de modalidades sensoriais exclusivas, mesmo quando há uma discrepância entre elas. Isso é óbvio em situações em que ocorrem ilusões ou percepções errôneas. Por exemplo, o impacto McGurk é um fenômeno no qual estímulos visuais e auditivos conflitantes (incluindo um vídeo de alguém dizendo uma frase enquanto o áudio diz outra) causam um fantasma perceptivo em que o ouvinte ouve algo totalmente exclusivo do que está realmente sendo dito. Isso indica como o cérebro pode ser estimulado usando a mistura de registros multissensoriais e como o internacional externo é formado por meio desse procedimento.

Enquanto as informações sensoriais fornecem a inspiração para nosso conhecimento do mundo externo , são os procedimentos cognitivos da mente que refinam e organizam essas informações em histórias coerentes. Táticas cognitivas, incluindo interesse, memória e raciocínio, estão preocupadas em como interpretamos e atribuímos significado às entradas sensoriais que recebemos. Essas abordagens também auxiliam a mente a filtrar e priorizar fatos, permitindo-nos ter consciência do que é mais relevante para nosso prazer imediato.

Por exemplo, o interesse desempenha um papel crucial em descobrir quais fatos são entregues à consciência consciente. A mente é bombardeada com uma quantidade impressionante de estatísticas sensoriais, mas a atenção nos permite conscientizar sobre certos fatores do ambiente enquanto filtra estímulos inapropriados. Isso é exemplificado com a ajuda do impacto do coquetel de aniversário, no qual

Mente e Simulação

reconheceremos uma conversa em uma sala barulhenta, independentemente da presença de outros sons concorrentes. A memória também desempenha um papel fundamental em nossa criação de fatos, pois o cérebro atualiza e refina constantemente sua versão do setor com base em novos relatórios.

O raciocínio e a resolução de problemas também contribuem para a forma como percebemos o setor. A mente analisa e avalia constantemente as estatísticas recebidas, fazendo previsões sobre eventos de destino e formulando respostas. Esses procedimentos cognitivos são importantes para se adaptar a um mundo dinâmico e fazer seleções principalmente com base em nossas informações de avaliações além.

Em última análise, o processamento de dados pela mente resulta em consciência — o deleite subjetivo de estar ciente de nós mesmos e da arena ao nosso redor. A consciência é um fenômeno complicado que surge da atividade do cérebro, em particular dentro das regiões corticais de melhor ordem. A mente integra fatos de modalidades sensoriais únicas, estados emocionais e estratégias cognitivas para fornecer um fluxo unificado de atenção.

Apesar de grandes pesquisas, a natureza exata da cognição continua sendo um dos mistérios mais profundos da ciência. Embora tenhamos uma compreensão moderna dos mecanismos neurais envolvidos na noção e cognição, a questão de como o cérebro gera deleite subjetivo continua em grande parte sem resposta. Esse enigma levou a várias teorias, que vão desde a ideia de que a atenção surge de circuitos neurais únicos até a oportunidade de que ela pode ser um aspecto fundamental do universo, semelhante ao espaço e ao tempo.

A mente desempenha uma função valiosa na formação de nossa experiência da realidade. Por meio de sua capacidade de técnica e combinação de estatísticas do mundo externo, o cérebro constrói um modelo da arena que percebemos como real. No entanto, esse sistema não é uma simples imagem espelhada da realidade objetiva. A interpretação do cérebro de fatos sensoriais é inspirada pelo uso de procedimentos cognitivos, estudos anteriores e expectativas, levando a uma criação subjetiva e dinâmica de fatos.

Nossa crença no mundo nem sempre é uma recepção passiva de estímulos externos, mas sim um processo vivo em que o cérebro atualiza constantemente seu modelo do mundo com base principalmente em novas informações. Essa técnica destaca a natureza complexa e interconectada do relacionamento entre o mundo externo , o cérebro e a cognição. Entender esse namoro é fundamental para desvendar os mistérios da crença, da cognição e da natureza da verdade em si.

1.3 Ilusões sensoriais: o cérebro nos apresenta a verdade?

Nossas estruturas sensoriais, que consistem em visão, audição, contato, paladar e olfato, são a maneira número um pela qual interagimos e apreendemos o mundo ao nosso redor. Esses sentidos nos permitem entender estímulos externos, oferecendo os registros não cozidos que o cérebro usa para montar uma versão coerente do fato. No entanto, a crença sensorial geralmente não é uma ilustração precisa do fato objetivo. Na verdade, nossos cérebros regularmente criam ilusões — percepções distorcidas do setor — que enviam nossa informação do que é real.

Ilusões sensoriais ocorrem enquanto a mente interpreta mal os fatos fornecidos por nossos sentidos, levando a uma percepção que não corresponde aos lares reais do internacional externo. Essas ilusões não são certamente erros ou defeitos do sistema dentro das estruturas sensoriais; como alternativa, elas destacam as abordagens complexas envolvidas na percepção e a maneira como a mente constrói ativamente nosso prazer da realidade. As ilusões monitoram que nossas estruturas sensoriais não transmitem passivamente estatísticas não cozidas para a mente, mas, em vez disso, ativamente processam e interpretam essas estatísticas, frequentemente com base em estudos anteriores, expectativas e estatísticas contextuais.

Por exemplo, ilusões visuais, juntamente com a bem conhecida ilusão de Müller-Lyer, mostram como nossa mente pode ser enganada para perceber tensões como sendo de comprimentos diferentes, apesar do fato de que elas são idênticas. O cérebro usa pistas contextuais, incluindo a rota das setas nas extremidades das linhas, para inferir intensidade e ângulo, no entanto, isso levará a uma percepção distorcida do tamanho. Da mesma forma, a ilusão do "vestido", onde os humanos veem um vestido como branco e dourado ou azul e preto, dependendo de sua noção, destaca como os cérebros de pessoas distintas podem interpretar os registros sensoriais iguais em métodos massivamente únicos.

O fenômeno das ilusões auditivas também exibe a tendência do cérebro de fazer suposições sobre a arena. O "tom do pastor" é um fantasma auditivo que cria a crença de um tom ascendente sem fim à vista, mesmo que o som em si esteja em loop e não esteja realmente subindo. Esse fantasma ocorre devido ao fato de a mente estar decodificando as mudanças de frequência de uma forma que mostra movimento ascendente contínuo, mesmo que nenhuma troca real de tom ocorra.

Nossos sistemas sensoriais não são detectores perfeitos do mundo; eles são, em vez disso, finamente ajustados às estatísticas do sistema de uma maneira que nos facilita a navegar em nossos arredores e viver. A mente constrói ativamente nossa revelação da arena com base totalmente na entrada sensorial, conhecimento prévio e previsões. Este método que nossa percepção do fato não é uma duplicata específica do internacional externo, mas um modelo dinâmico e regularmente incompleto gerado por meio da mente.

A mente usa vários mecanismos para interpretar fatos sensoriais, um dos quais é o processamento de cima para baixo. Isso se refere ao uso da mente de conhecimento prévio, expectativas e contexto para interpretar informações sensoriais. Por exemplo, quando vemos um item parcialmente obscurecido, nossa mente faz uso do prazer anterior para preencher as lacunas e criar uma imagem completa do item. Essa técnica é comumente benéfica, mas também pode levar a erros ou ilusões quando as expectativas da mente entram em guerra com a entrada sensorial real. No caso do fantasma de Müller-Lyer, por exemplo, as suposições do cérebro sobre intensidade e ângulo resultam em uma noção distorcida do comprimento da linha.

Além do processamento pinnacle-down, o cérebro também depende do processamento backside-up, em que as estatísticas sensoriais são analisadas em um nível fundamental antes de serem incluídas em uma crença mais complexa. Esta é a técnica pela qual a mente obtém fatos crus dos sentidos (como colorações e formas na noção visual) e os monta em uma representação significativa do setor. Enquanto o processamento bottom-up fornece a musa para a crença, é o processamento top-down da mente que geralmente molda o prazer final.

Exemplos de ilusões sensoriais

1. Ilusões visuais: Ilusões visuais são alguns dos exemplos mais conhecidos da maneira como nossa mente pode nos desinformar. Uma das ilusões visíveis mais conhecidas é a ilusão de Müller-Lyer, em que duas tensões do mesmo comprimento parecem comprimentos excepcionais devido à rota das flechas em suas extremidades. Essa ilusão ocorre devido ao fato de nossos cérebros interpretarem as tensões dentro do contexto de profundidade e ângulo, levando a uma sensação distorcida de tamanho. Outro exemplo é o triângulo de Kanizsa, em que três figuras semelhantes a pacman dispostas de uma maneira particular criam a ilusão de um triângulo no centro, independentemente de nenhum triângulo real estar presente. Esses tipos de ilusões destacam a dependência do cérebro no contexto, revisões anteriores e expectativas na construção da percepção visível.

2. Ilusões auditivas: As ilusões auditivas também exibem a função viva do cérebro no desenvolvimento de nossa experiência sonora. O tom do pastor é uma ilusão auditiva na qual uma série de tons sobrepostos dá a impressão de um tom infinitamente ascendente, mesmo que o tom real dos tons não seja trocado. Outra ilusão auditiva famosa é o impacto

McGurk, no qual estímulos visuais e auditivos incompatíveis causam uma percepção que não se alinha com ambos os estímulos. Por exemplo, enquanto o vídeo de alguém anunciando uma sílaba (por exemplo , "ba") é pareado com o áudio de uma sílaba especial (por exemplo, "ga"), os visitantes podem perceber adicionalmente uma sílaba totalmente diferente (por exemplo, "da"), exibindo como a mente integra fatos visuais e auditivos em métodos complexos.

3. Ilusões táteis: Ilusões táteis surgem quando nossa experiência de contato é enganada por fatores externos. Um exemplo é o fantasma cutâneo do coelho, no qual uma cadeia de torneiras nos poros e na pele em um padrão particular cria a sensação de um "coelho" pulando pela pele, apesar do fato de que nenhum movimento real ocorre. Essa ilusão demonstra como o cérebro traduz a entrada sensorial de lugares distintos nos poros e na pele e pode criar percepções de movimento quando eles não estão mais sinceramente presentes.

4. Ilusões de paladar e olfato: O paladar e o olfato também são passíveis de ilusões. O gosto da doçura pode ser estimulado pela coloração da comida ou bebida, com pesquisas mostrando que as pessoas são mais propensas a perceber uma bebida como mais doce se ela for vermelha ou roxa, mesmo que não incorpore açúcar introduzido. Da mesma forma, o aroma das refeições pode ser alterado pelo uso do contexto em que é habilidoso. Por exemplo, uma refeição pode ter um odor

mais atraente se for servida em um ambiente agradável ou acompanhada de certos sabores.

Um dos principais motivos para ilusões sensoriais é a dependência da mente em previsões e expectativas. O cérebro está constantemente fazendo previsões sobre o que vai acontecer em seguida, com base em histórias e entendimentos passados. Essas previsões moldam nossa crença no mundo e nos permitem tomar decisões rápidas. No entanto, embora essas previsões sejam incorretas, o resultado pode ser uma ilusão sensorial.

Por exemplo, se estamos em um quarto escuro e prestamos atenção a um som que interpretamos como um rangido, nossa mente possivelmente espera que seja alguém se movendo por perto. Se parece que o som se transformou claramente no vento, nosso cérebro interpretou mal a entrada sensorial com base em suas expectativas. Da mesma forma, em condições de incerteza, o que inclui quando somos oferecidos com registros visuais ambíguos, o cérebro pode "preencher as lacunas" principalmente com base em experiências além ou pistas contextuais, levando a uma crença distorcida ou ilusória.

O fenômeno do preenchimento perceptual ilustra similarmente essa maneira preditiva. Quando observamos uma cena, teríamos consciência de um componente do entorno, consistindo no rosto de uma pessoa ou um item em particular. No entanto, a mente preenche os detalhes faltantes da área circundante com base totalmente em informações e expectativas anteriores, o que pode, de vez em quando, levar a imprecisões em nossa noção da cena geral.

Embora nossas estruturas sensoriais sejam notavelmente precisas em muitas condições, elas não são infalíveis. A presença de ilusões sensoriais indica que nossas percepções do setor não são constantemente reflexos diretos de fatos objetivos. Em vez disso, elas são moldadas pelos mecanismos de processamento da mente, que priorizam o desempenho, a sobrevivência e a era desse meio. As ilusões sensoriais nos lembram que o que entendemos como real pode ser uma representação distorcida ou incompleta da arena.

Além disso, a precisão sensorial nem sempre é uniforme entre os indivíduos. Pessoas com diferentes sensibilidades sensoriais, condições neurológicas ou capacidades cognitivas podem experimentar ilusões de forma diferente. Por exemplo, alguns indivíduos com sinestesia também podem entender sons como colorações ou gostos parceiros com formas particulares, levando a experiências particulares e privadas da realidade. Essas versões no processamento sensorial destacam a natureza subjetiva da crença e a função da mente na construção de histórias individuais da arena.

Ilusões sensoriais oferecem um vislumbre fascinante de como o cérebro constrói nossa crença de fato. Elas monitoram que nossos sentidos não apenas adquirem registros passivamente, mas os interpretam e sistematizam ativamente, frequentemente de maneiras que resultam em representações distorcidas ou incompletas do internacional externo. A confiança do cérebro na previsão, no contexto e na experiência anterior desempenha uma função significativa na formação de nossa revelação do setor e, quando essas abordagens dão errado, surgem ilusões sensoriais.

Embora nossos sistemas sensoriais sejam fantasticamente eficientes em nos ajudar a navegar na arena, eles não são mais perfeitos. As ilusões que eles produzem destacam a natureza complicada e dinâmica da percepção, bem como as maneiras pelas quais o cérebro constrói ativamente a verdade com a qual nos deleitamos. Entender os mecanismos por trás das ilusões sensoriais fornece insights preciosos sobre o caráter da percepção e os limites de nossa capacidade de perceber fatos objetivos. Em última análise, nossas revisões sensoriais nos lembram que o cérebro nem sempre é um receptor absolutamente passivo de estímulos externos, mas um jogador ativo na criação do fato que vivenciamos.

1.4 Sonhos, alucinações e realidades alternativas

A natureza da realidade, como a percebemos através de nossos sentidos, não se restringe apenas ao mundo desperto . Nossas mentes são capazes de gerar mundos inteiros de prazer, mesmo na ausência de estímulos externos. Esses estados de troca de reconhecimento — seja por meio de sonhos, alucinações ou outros estilos de fatos alterados — monitoram insights profundos sobre como a mente constrói e traduz o setor ao nosso redor.

Os sonhos são um dos fatores mais enigmáticos da atenção humana. Apesar de séculos de exploração cultural e mental, os cientistas ainda têm um conhecimento parcial do porquê sonhamos e como esses relatos surgem. Os sonhos surgem durante o nível de sono REM (movimento rápido dos olhos), uma seção caracterizada pelo uso de interesse mental elevado, ações rápidas dos olhos e relatos visuais e sensoriais vibrantes.

Durante o sono REM, o cérebro fica bastante animado, frequentemente processando sentimentos, reminiscências e conflitos não resolvidos. Algumas teorias recomendam que os sonhos podem servir adicionalmente como uma forma de processamento cognitivo, ajudando o cérebro a consolidar lembranças, dar sentido a revisões emocionais ou resolver problemas não resolvidos da existência desperta. Outra teoria postula que os desejos são verdadeiramente a maneira do cérebro de classificar o passatempo neural aleatório, que então é dado esse significado por meio das estruturas interpretativas do cérebro.

Os sonhos são frequentemente excessivamente subjetivos, com imagens, assuntos e narrativas que podem ser influenciados por relatos privados, medos, objetivos e pensamentos subconscientes. No entanto, alguns objetivos, que incluem objetivos de rotina, objetivos lúcidos e pesadelos, sugerem conexões psicológicas ou fisiológicas mais profundas com nossas vidas despertas. Por exemplo, o sonho lúcido acontece quando o sonhador se torna a par da verdade de que está sonhando e pode realmente ter a capacidade de manipular as ocasiões no sonho. Esse tipo de sonho exige situações de nosso conhecimento de consciência e os limites entre o mundo global desperto e o mundo dos sonhos.

O conteúdo material dos sonhos pode variar de histórias mundanas a situações surreais ou fantásticas. As pessoas frequentemente relatam sentir emoções extremas em sonhos, de alegria a terror, apesar do fato de entenderem que os relatos não são reais. Essas respostas emocionais destacam a capacidade da mente de criar um prazer vívido e envolvente, apesar da realidade de que os eventos em si não estão ocorrendo dentro do mundo corporal. Os sonhos podem ser profundamente simbólicos, com fotos ou tópicos específicos carregando significados particulares associados à psique do sonhador. Por exemplo, objetivos de voar, cair ou ser perseguido não são temas incomuns com os quais muitos humanos se deleitam, refletindo regularmente medos ou sonhos inconscientes.

Enquanto os objetivos surgem no curso do sono, as alucinações são estudos perceptivos que surgem dentro da nação desperta, regularmente dentro da ausência de estímulos externos. As alucinações podem ter um efeito em qualquer um dos cinco sentidos, desde ver coisas que não estão lá (alucinações visíveis) até ouvir sons inexistentes (alucinações auditivas). Ao contrário dos objetivos, que são tipicamente entendidos como uma forma de processamento intelectual interno, as alucinações representam uma interrupção dentro do funcionamento regular do processamento sensorial.

Alucinações podem ser resultantes de uma extensa variedade de coisas, de situações mentais como esquizofrenia a distúrbios neurológicos, uso de drogas, privação sensorial e até mesmo privação de sono. Por exemplo, humanos com esquizofrenia podem adicionalmente se deleitar com alucinações auditivas, ouvindo vozes que outros não ouvem mais, o que pode ser angustiante e intrigante. Da mesma forma, pessoas atingidas por delírio ou dano mental também podem desfrutar de alucinações visuais, juntamente com a visão de itens ou pessoas que não estão presentes.

Em alguns casos, as alucinações podem ser desencadeadas deliberadamente, inclusive por meio do uso de certas substâncias psicodélicas. Esses comprimidos, consistindo de LSD, psilocibina (cogumelos mágicos) e DMT, podem ajustar as vias regulares de processamento sensorial do cérebro, levando a distorções profundas na crença. Pessoas sob o efeito desses materiais também podem experimentar visões brilhantes e muitas vezes surreais, juntamente com a visão de estilos geométricos, o encontro de criaturas míticas ou a experiência de uma sensação de fusão com o universo.

Os mecanismos por trás das alucinações são complexos, concernentes a ajustes na química da mente e circuitos neurais. Alguns pesquisadores confiam que as alucinações surgem da tendência da mente de gerar expectativas baseadas totalmente em experiências passadas e depois "preencher" lacunas sensoriais enquanto estímulos externos são inadequados. No caso de alucinações visuais, a mente possivelmente geraria fotos ou situações baseadas totalmente em experiências anteriores ou estados emocionais, mesmo supondo que nenhuma entrada visível real esteja presente. Este fenômeno sugere que a percepção não é um procedimento passivo, mas uma construção ativa da mente, na qual o cérebro é baseado em processos internos para fazer sentir a arena.

As experiências de desejos e alucinações atribuem a crença de uma verdade nova e objetiva. Ambos os estados alterados de reconhecimento advogam que a verdade não é definitivamente o que é percebido usando os sentidos, mas sim uma montagem complexa e dinâmica criada por meio da mente. No caso dos desejos, o cérebro constrói mundos inteiros principalmente com base na reminiscência, sentimentos e imaginação, ao mesmo tempo que nas alucinações, o cérebro cria estudos sensoriais dentro da ausência de estímulos externos.

Isso aumenta a pergunta: se o cérebro é capaz de gerar mundos inteiros de crença sem nenhuma entrada externa, o que isso diz sobre a natureza do fato em si? Se a mente pode criar relatos brilhantes do setor principalmente com base em procedimentos internos, nossa percepção do mundo externo é mais "real" do que os mundos que desfrutamos em desejos ou alucinações?

Filósofos têm longamente debatido a natureza do fato e da crença. Alguns argumentaram que todas as nossas histórias são subjetivas e que não somos capazes de, de forma alguma, simplesmente conhecer o mundo objetivo além dos nossos sentidos. A ideia de que a realidade é construída pela mente, em vez de, sem dúvida, adquirida passivamente, sugere que nossas percepções podem ser mais flexíveis e maleáveis do que percebemos. Nesse sentido, sonhos e alucinações não são simplesmente anomalias ou desvios da noção comum; eles são integrais à revelação humana e oferecem percepções valiosas sobre a capacidade da mente de construir realidades alternativas.

Um fator fascinante de cada sonho e alucinação é sua capacidade de borrar os limites entre o que é "real" e o que é "imaginado". Em cada caso, as experiências são notavelmente brilhantes e envolventes, frequentemente deixando os indivíduos pensando se estão ou não vivenciando a realidade ou algo completamente diferente. Por exemplo, indivíduos que se deleitam com desejos lúcidos estão agudamente conscientes de que estão sonhando, no entanto, dentro do sonho, eles sentirão como se estivessem em um mundo muito real e tangível. Da mesma forma, pessoas que vivenciam alucinações podem adicionalmente interagir com dispositivos alucinados ou seres humanos como se fossem reais, mesmo que não tenham nenhum estilo de vida físico.

Essa confusão de obstáculos tem implicações para nossa expertise de cognição e da mente. Se o cérebro é capaz de criar estudos que parecem tão reais quanto os encontrados no mundo físico, ele desafia a crença de que a percepção é um reflexo imediato da realidade objetiva. Em vez disso, indica que a realidade é, em elemento, um produto das estratégias internas dos pensamentos, influenciadas por meio de lembranças, emoções e expectativas. Essa visão se alinha com teorias em filosofia e neurociência que defendem que a verdade não é um elemento fixo e objetivo, mas uma experiência subjetiva e em constante mudança formada pelo cérebro.

Sonhos, alucinações e realidades alternativas monitoram a fluidez da percepção humana e a tarefa de nossa informação do que é real. Tanto desejos quanto alucinações demonstram que a mente não é um receptor passivo de informações sensoriais, mas um jogador energético na construção do setor em que nos deleitamos. Enquanto os desejos surgem durante o sono, criando situações brilhantes e regularmente simbólicas, as alucinações se levantam dentro do reino desperto, interrompendo o processamento sensorial comum e levando a avaliações distorcidas ou totalmente fabricadas.

Esses estados alterados de consciência aumentam questões profundas sobre a natureza da realidade e da crença. Se a mente é capaz de desenvolver mundos inteiros de deleite, o que isso diz sobre nossa percepção do mundo exterior? Nossas revisões de vigília são maiores "reais" do que aquelas que encontramos em objetivos ou alucinações? Em última análise, o olhar para desejos, alucinações e realidades de oportunidade fornece insights preciosos sobre as estratégias complicadas de percepção do cérebro e destaca a maleabilidade do foco humano.

1.5 A Neurociência da Percepção: Como a Realidade É Codificada em Nosso Cérebro

Percepção é o processo pelo qual interpretamos e sentimos o mundo ao nosso redor, moldando nosso conhecimento da realidade. Não é uma mera imagem espelhada do mundo externo , mas um método cognitivo complicado que é construído com a ajuda do cérebro. Nossos sentidos reúnem estatísticas do ambiente, no entanto, é a mente que organiza e interpreta essas informações, criando nosso prazer subjetivo do fato.

A mente humana é preparada com estruturas excepcionalmente especializadas que lhe permitem perceber, manusear e interpretar estatísticas sensoriais. Nossos órgãos sensoriais — olhos, ouvidos, pele, nariz e língua — são a linha primária de troca verbal com o mundo. Eles adquirem estímulos do ambiente e os convertem em sinais elétricos que podem ser transmitidos ao cérebro. No entanto, o cérebro não obtém passivamente esses indicadores; como alternativa, ele interpreta e constrói ativamente nossa percepção da verdade.

No cerne da percepção está o potencial da mente para dar sentido aos registros sensoriais recebidos com o auxílio da integração de estatísticas de sentidos especiais e compará-las com informações existentes. Este método nem sempre é um reflexo sincero do global externo ; a mente está constantemente fazendo previsões e mudanças baseadas totalmente em experiências além e fatores contextuais. Em essência, a crença é um processo otimista, onde a mente preenche lacunas nas estatísticas sensoriais e ajusta sua expertise para dar sentido a informações ambíguas ou incompletas.

As estruturas perceptivas da mente dependem intimamente de redes neurais e circuitos que envolvem mais de uma área da mente. Por exemplo, o córtex visível número um aborda fatos visíveis, assim como o córtex auditivo aborda o som. No entanto, regiões de melhor ordem da mente, como o córtex pré-frontal, são responsáveis por integrar essas informações sensoriais com memória, interesse e capacidades cognitivas. É aqui que nosso prazer subjetivo da verdade começa a tomar forma, porque a mente traduz a entrada sensorial no contexto de nossos sentimentos, estudos passados e expectativas.

O processamento de registros sensoriais pela mente começa no momento em que ela recebe alertas dos órgãos sensoriais. Essa técnica ocorre em níveis, com cada nível adicionando camadas de complexidade às informações que estão sendo processadas. Por exemplo, enquanto vemos um objeto, a luz entra no olho e é centralizada na retina, onde é convertida em indicadores elétricos por células fotorreceptoras. Esses sinais são então despachados para o córtex visível na parte posterior do cérebro, onde são processados de forma semelhante para identificar formas, colorações e movimento.

Mas a visão nem sempre é apenas sobre detectar luz e sombra; ela envolve um processamento de alto grau que nos facilita a reconhecer o que estamos vendo. A mente leva em consideração o contexto, o conhecimento prévio e até mesmo as expectativas sobre o que devemos estar vendo. É por isso que nossa noção da arena é frequentemente influenciada pelo que já percebemos ou assumimos encontrar. Por exemplo, se estamos em um ambiente familiar, o cérebro usa esse contexto para fazer previsões sobre quais itens possivelmente estarão presentes e como eles precisam parecer, o que pode, de vez em quando, resultar em percepções errôneas ou ilusões enquanto as coisas se desviam do que é previsto.

Da mesma forma, o gadget auditivo funciona usando ondas sonoras de detecção que entram no ouvido, que podem ser então transformadas em indicadores elétricos que a mente planeja. O córtex auditivo traduz esses alertas, permitindo-nos entender sons e fazer experiência da fala. O cérebro também integra informações auditivas com informações visuais e táteis, ajudando-nos a reconhecer o contexto dos sons que ouvimos. Por exemplo, quando ouvimos alguém falar comigo, nossa mente agora não apenas processa o som das frases, mas também interpreta o tom emocional e o contexto da troca verbal com base em pistas visuais, como expressões faciais e linguagem corporal.

A integração de estatísticas sensoriais é um elemento essencial da crença. A mente combina constantemente a entrada de sentidos únicos, que incluem visão, audição e contato, para criar uma noção unificada e coerente da arena. Essa integração multissensorial nos permite navegar em nosso

Mente e Simulação

ambiente de forma eficiente, desde a localização de rostos até a decifração da colocação de itens na área. No entanto, essa integração também pode levar a conflitos sensoriais que têm um impacto em nossa crença, incluindo quando os registros visuais e auditivos não se encaixam, levando a revisões como o efeito McGurk, em que percebemos um som único com base no que vemos.

Embora o processamento sensorial seja a musa da noção, são os mecanismos de atenção e as características cognitivas do cérebro que formam e refinam nosso prazer. A atenção desempenha um papel central em descobrir quais registros sensoriais são priorizados e processados em elemento, e quais estatísticas são despercebidas. Essa atenção seletiva nos permite ter consciência dos estímulos essenciais em nosso ambiente ao mesmo tempo em que filtra fatos irrelevantes ou distrativos.

A atenção é uma técnica dinâmica e flexível, permitindo-nos mudar a consciência com base nas demandas do cenário. Por exemplo, quando estamos usando, nosso interesse é tipicamente focado na estrada e no tráfego ao redor, filtrando diferentes entradas sensoriais menos aplicáveis, como o comunicado acontecendo dentro do veículo. Essa capacidade de atender seletivamente a estímulos positivos é governada pelas redes de atenção da mente, que incluem regiões junto com o córtex parietal e o lobo frontal.

No entanto, o interesse nem sempre é perfeitamente correto. Os vieses cognitivos do cérebro, motivados por emoções, estudos passados e expectativas, podem distorcer a crença. Por exemplo, uma pessoa que tem medo de filhotes pode ser hipervigilante a qualquer sinal de um canino em seu entorno, até mesmo confundindo uma sombra ou forma com um canino real. Esse viés de atenção termina em uma crença elevada de risco, mesmo que não haja perigo no local. Dessa maneira, nossos sentimentos e técnicas cognitivas podem formar a maneira como entendemos o mundo, ocasionalmente levando a distorções ou interpretações errôneas.

Além disso, o processamento de cima para baixo, no qual a mente aplica experiência e expectativas anteriores para interpretar a entrada sensorial, também pode influenciar a noção. Quando somos fornecidos com estatísticas ambíguas ou incompletas, o cérebro usa o contexto e o prazer de preencher as lacunas e dar sentido ao que estamos vendo ou ouvindo. Por exemplo, ao ler uma frase com letras ou frases faltando, somos regularmente capazes de preencher as lacunas com base em nossas informações de linguagem e contexto, permitindo-nos entender o significado apesar das estatísticas inacabadas. No entanto, essa dependência de conhecimento anterior também pode causar ilusões ou percepções errôneas, incluindo ver rostos em objetos inanimados ou ouvir vozes em ruído aleatório.

Apesar da notável capacidade da mente de montar uma ilustração precisa da arena, ela é muito suscetível a erros. Ilusões perceptivas ocorrem enquanto o cérebro interpreta mal as informações sensoriais, criando uma noção distorcida ou incorreta do fato. Essas ilusões exibem as complexidades da maneira como as táticas do cérebro entram sensorialmente e os numerosos fatores que afetam a crença.

Ilusões visuais, consistindo no fantasma de Müller-Lyer (onde duas linhas do mesmo comprimento parecem específicas), destacam como o cérebro faz uso de pistas contextuais para interpretar comprimento e distância. Nessa situação, o cérebro é baseado em informações prévias sobre como as linhas geralmente se comportam dentro do mundo, levando-o a entender uma linha como sendo mais longa do que a oposta, mesmo que tenham a mesma duração. Da mesma forma, ilusões auditivas, como o tom de Shepard (que cria a ilusão de um tom constantemente ascendente), revelam como o cérebro aborda o som de uma maneira que pode levar a erros perceptivos.

Ilusões perceptivas não são apenas curiosidades; elas fornecem insights preciosos sobre os mecanismos subjacentes de noção da mente. Ao analisar essas ilusões, os neurocientistas podem analisar mais sobre como a mente processa registros sensoriais, faz previsões e constrói nossa revelação subjetiva de fatos. Ilusões monitoram a interação complexa entre entrada sensorial, interesse, memória e procedimentos cognitivos, destacando como a interpretação da mente do mundo não é continuamente uma representação dedicada da realidade objetiva.

Um dos componentes mais encantadores da percepção é sua plasticidade — a capacidade da mente de se adaptar e alternar suas táticas perceptivas principalmente com base na experiência. Essa plasticidade neural nos permite pesquisar e nos adaptar a novos ambientes, bem como nos recuperar de lesões que afetam o processamento sensorial. Por exemplo, enquanto uma pessoa perde a visão, o cérebro compensa por meio da melhoria dos sentidos de fechamento, incluindo o toque e a audição, para ajudar a navegar no ambiente.

Da mesma forma, os sistemas perceptivos do cérebro são continuamente moldados pelo uso do prazer. Pessoas que interagem em esportes que exigem reconhecimento sensorial elevado, que incluem músicos ou atletas, podem expandir habilidades perceptivas especializadas que lhes permitem expressar fatos com mais sucesso ou com mais precisão. Essa adaptabilidade sugere que a noção não é uma técnica rígida e rígida, mas dinâmica e flexível, formada pela interação contínua da mente com o setor.

A percepção não é honestamente um sistema passivo de recebimento de dados sensoriais ; é uma criação viva e dinâmica de fatos que inclui interações complicadas entre entrada sensorial, atenção, memória e cognição. A mente integra continuamente dados de estruturas sensoriais distintas, faz previsões baseadas em estudos anteriores e adapta seus processos com base em fatores contextuais e demandas de atenção. No entanto, esse procedimento não é infalível, e o cérebro é vulnerável a erros de noção, levando a ilusões e interpretações errôneas do mundo.

A neurociência da crença fornece insights preciosos sobre como o cérebro constrói nossa revelação da verdade e a maneira como ele molda nossa informação da arena. Embora a capacidade da mente de gerar um prazer coerente e imersivo do fato seja excelente, ela também destaca as limitações de nossa crença e a maleabilidade da atenção humana. Ao analisar como o cérebro processa estatísticas sensoriais, somos capazes de nos beneficiar de um conhecimento mais profundo do papel da mente em moldar nossa experiência da arena e os métodos nos quais a realidade é codificada em nossos cérebros.

CAPÍTULO 2

Perspectivas filosóficas sobre a teoria da simulação

2.1 Alegoria da Caverna de Platão: O mundo que vemos é apenas uma sombra?

A Alegoria da Caverna de Platão se destaca como uma das pedras angulares da filosofia ocidental, nos apoiando a entender a diferença entre fato e percepção. A alegoria destaca como o conceito de "verdade" é construído de outra forma para cada indivíduo e a maneira como nossa maneira de perceber o mundo é provavelmente significativamente limitada. A comparação de Platão entre o mundo da papelada e as sombras na parede da caverna serve como uma metáfora profunda que se alinha com as interpretações modernas do conceito de simulação.

Na Alegoria da Caverna de Platão, os humanos são retratados como prisioneiros presos em uma caverna escura, observando sombras projetadas em uma parede. Esses prisioneiros foram acorrentados de uma forma que eles são capazes de ver apenas as sombras dos itens atrás deles. Essas sombras são meros reflexos do mundo real fora da caverna. Os prisioneiros, nunca tendo visto o mundo exterior, tomam essas sombras como verdade. Um dos prisioneiros finalmente escapa e vê a luz fora da caverna. A princípio, o brilho o cega, mas com o passar dos anos, ele se familiariza com o mundo real e conhece o caráter da verdade. Ele retorna à caverna para contar aos outros, mas eles resistem às suas alegações e rejeitam o conceito de que há algo além de suas sombras.

Esta alegoria serve como uma metáfora profunda para teorias de simulação de ponta, pensando se o setor que entendemos é certamente real ou meramente uma ilustração. Assim como os prisioneiros dentro da caverna, podemos ser limitados a uma informação restrita de fato, onde o que desfrutamos é apenas uma "sombra" do mundo real. A ideia de que o setor em que nos deleitamos não é a verdade real é uma percepção que se alinha com a hipótese da teoria da simulação, em que nossas percepções são apenas uma versão simulada de um fato muito maior e mais complicado.

Na filosofia de Platão, a natureza real do fato está no reino das "Formas", que são ideais abstratos, perfeitos e eternos. O internacional corpóreo, em sintonia com Platão, é simplesmente uma ilustração imperfeita desses ideais. Essa percepção é paralela à importante questão da ideia de simulação: o mundo que entendemos é simplesmente real ou é apenas uma simulação? No princípio da simulação, o universo é proposto como uma montagem artificial — criada talvez por uma inteligência avançada, como um supercomputador ou IA. Da mesma forma, as Formas de Platão defendem que o que experimentamos por meio de nossos sentidos é uma imagem espelhada insignificante de uma verdade superior e melhor.

Tanto o princípio de Platão quanto o princípio da simulação recomendam que nossa compreensão da realidade é inerentemente restrita e que a natureza real da vida está além do que somos capazes de perceber ou acreditar. Se obedecermos ao raciocínio de Platão, o mundo que experimentamos pode ser análogo às sombras na parede da caverna — apenas um vislumbre tênue de algo muito mais complexo e profundo. A noção de que a realidade pode ser uma simulação artificial não parece mais rebuscada quando considerada através das lentes do idealismo de Platão.

O princípio da simulação se alinha intensamente com a percepção de que, assim como os prisioneiros de Platão, podemos ser restringidos a uma realidade sintética com acesso restrito ao que realmente existe. Se a arena é de fato uma simulação, então nós, como sua população, não somos nenhum tipo de prisioneiros dentro da caverna, apenas capazes de ver e apreender o que nos é apresentado dentro dos parâmetros da simulação. No caso de mundos virtuais, realidades aumentadas e simulações virtuais, podemos adicionalmente emergir como mais desconectados do mundo físico e começar a simplesmente aceitar essas experiências construídas como a melhor forma autêntica de fato.

No entanto, apenas porque o prisioneiro que escapa da caverna percebe a verdade sobre a arena, as pessoas que estão cientes sobre a ideia do conceito de simulação também podem procurar reconhecer a natureza adequada da existência, além do que lhes é dado. Este conceito desafia a maneira como interpretamos nossos estudos sensoriais. Nos tempos atuais, a realidade virtual entregou uma nova camada de simulação em nossas vidas, na qual os mundos digitais imitam o mundo físico , mas eles ainda constituem melhor um modelo restrito da realidade. A questão permanece: se nossas percepções são governadas por uma montagem melhor, somos capazes de nos danificar e experimentar o "mundo exterior"?

O conceito de simulação, embora misturado com a filosofia de Platão, oferece um exame mais profundo das maneiras pelas quais o foco pertence ao conceito de verdade. Se nossas histórias e percepções sensoriais são baseadas em uma simulação, como somos capazes de declarar reconhecer qualquer coisa sobre a natureza real do setor? A visão de Platão sugere que o conhecimento humano está confinado à área das aparências, mas a consciência mais profunda está dentro do reino intelectual e melhor. Na mesma linha, a teoria da simulação argumenta que nossas revisões conscientes podem ser meras projeções criadas com a ajuda de um sistema superior.

Neste contexto, a cognição em si não será uma função natural da mente, mas sim um pertence emergente da simulação. Isso aumenta uma excelente questão mais profunda: se vivemos em uma simulação, nosso reconhecimento é um artefato do ambiente simulado ou há uma maneira de nossas mentes irem além dos limites deste dispositivo e entenderem a realidade subjacente? A metáfora de Platão dos prisioneiros na caverna sugere que se libertar da simulação requer uma mudança na crença — um movimento da ignorância para o conhecimento, da sombra para a luz.

A Alegoria da Caverna de Platão, embora vista através das lentes do princípio da simulação, nos ativa para convidar: o que é verdade? Se nossa noção do setor é contida e baseada principalmente em uma simulação, como somos capazes de realmente reconhecer a natureza da vida? O princípio da simulação e o idealismo de Platão apontam para a possibilidade de que nossas percepções sensoriais sejam simplesmente sombras de um fato mais profundo. Essa percepção desafia a própria essência do reconhecimento humano e nos força a reconsiderar os limites do que é real e do que é fantasma.

O conceito de alegoria e simulação a longo prazo propõe que se nossa vida é de fato uma simulação, então nossa informação da arena é inerentemente inadequada. Assim como os prisioneiros dentro da caverna são incapazes de perceber o setor além das sombras, também podemos ser confinados dentro de uma simulação que restringe nossa informação da verdade real. Neste exemplo, a busca por conhecimento e sabedoria não se tornará mais apenas um exercício intelectual, mas uma busca pelo código subjacente que pode monitorar a natureza real dos estilos de vida. Assim como os prisioneiros devem sair da caverna para espiar a luz, nós também devemos nos esforçar para interromper a simulação para vislumbrar o real global além.

2.2 Descartes e a natureza duvidosa da realidade: Penso, logo existo?

René Descartes, frequentemente aparecido como o pai da filosofia moderna, propôs o famoso conceito "Cogito, ergo sum" ("Eu assumo, logo existo") como uma realidade fundamental nos estilos de vida do know-how. Este anúncio se transformou em uma reação ao seu ceticismo radical — sua abordagem de duvidar de tudo , inclusive da própria vida do mundo exterior e de seu próprio corpo. O método de Descartes, chamado ceticismo cartesiano, alinha-se notavelmente com as questões modernas que cercam a teoria da simulação e o caráter da realidade. As meditações de Descartes oferecem uma exploração profunda da dúvida, da cognição e dos limites da perícia humana, que são essenciais para o debate contínuo sobre se nosso fato é adequado ou simplesmente uma simulação.

A aventura filosófica de Descartes começou com o que ele chamou de dúvida metódica, um processo pelo qual ele duvidou de tudo o que sabia ser verdade para poder chegar a algo indubitável. Em sua obra Meditações sobre a Primeira

Filosofia, Descartes confundiu a própria existência do mundo externo, juntamente com a estrutura física, o universo ou mesmo sua própria mente. Ele raciocinou que se tornou viável que cada um deles pudesse ser ilusões criadas por meio de uma pressão externa ou um demônio enganador — uma ideia que se assemelha à ideia de um fato simulado no qual uma entidade complicada possivelmente manipularia a crença de um indivíduo.

O ceticismo de Descartes se estendeu até mesmo à confiabilidade de seus sentidos, que serão enganados, como no caso de ilusões de ótica ou objetivos. Ele postulou que nossos sentidos não refletirão um fato externo, objetivo, de forma alguma. Essa dúvida dos sentidos reflete a teoria da simulação atual, que mostra que as experiências sensoriais que percebemos são provavelmente geradas artificialmente, levando-nos a questionar se somos capazes de realmente aceitar como verdade o que vivenciamos.

A questão "O que é real?" se transforma não apenas em uma investigação filosófica, mas em uma consideração crítica no contexto da teoria da simulação. Se a natureza da realidade pode ser duvidada dessa maneira, o que garante que teremos que a arena ao nosso redor não é sempre claramente uma simulação projetada para nos enganar? O argumento de Descartes, embora desenvolvido séculos antes da ideia de fato digital ou simulações virtuais, fornece a base intelectual para o conhecimento de como podemos existir dentro de um universo simulado e a maneira como nossas percepções podem ser distorcidas pelo uso de uma pressão invisível.

Enquanto Descartes duvidava de tudo, ele finalmente chegou à crença de que o próprio ato de duvidar exigia um desafio de pensamento para realizar o ato de dúvida. Portanto, seu fim bem conhecido, Cogito, ergo sum — "Eu penso, logo existo" — tornou-se a única verdade inegável. Descartes argumentou que a vida de seus pensamentos ou foco pessoais não poderia ser duvidada devido ao fato de que, embora um demônio malicioso o estivesse enganando sobre o exterior internacional, o próprio ato de ser enganado exigia uma entidade questionadora e consciente para ser enganada.

Essa percepção filosófica serve como uma âncora importante dentro da busca pela verdade em meio à incerteza. Para Descartes, a mente — nossa capacidade de pensar, duvidar e ter um propósito — mudou para a inspiração da vida. No contexto do conceito de simulação, isso levanta uma questão crucial: se estamos de fato morando em uma simulação, qual é a natureza da mente dentro dessa simulação? A ênfase de Descartes na dificuldade de pensar destaca que, mesmo dentro de uma realidade simulada, os pensamentos podem, no entanto, existir independentemente do internacional simulado, mantendo sua capacidade de dúvida, raciocínio e auto-reconhecimento. No entanto, se todo o universo é uma simulação, então o que isso sugere para o caráter da consciência? O foco pode existir sinceramente sem uma realidade física para interagir?

Descartes introduziu a ideia do demônio maligno — um ser todo-efetivo que poderia potencialmente nos desinformar a acreditar que o mundo exterior existe como o percebemos, quando na realidade, ele é provavelmente totalmente fabricado. Este conceito prenuncia a ideia de simulação moderna, em que o "demônio maligno" é substituído pelo conceito de uma entidade superinteligente ou inteligência artificial avançada que cria e controla uma verdade simulada. Nesta situação, nossas percepções do setor não são um reflexo de um fato objetivo e externo, mas são manipuladas por uma força externa, muito parecido com a forma como um ambiente simulado pode ser gerenciado por um computador.

As semelhanças entre o demônio maligno de Descartes e a ideia de simulação estão penduradas. Em cada instância, os pensamentos estão presos em um fato construído, incapazes de verificar a natureza autêntica dos estilos de vida. Assim como Descartes se perguntou se aceitaremos como verdadeiros nossos sentidos, a ideia de simulação nos desafia a questionar se consideraremos ou não qualquer uma de nossas percepções se elas estão sendo criadas por meio de uma simulação. Nossa experiência da realidade é claramente uma fabricação, muito parecida com o mundo imaginado de engano de Descartes?

A ênfase de Descartes nos pensamentos como a fundação da realidade em um mundo completo de dúvidas ressoa profundamente com as preocupações atuais sobre o caráter da consciência dentro do reino da teoria da simulação. Se estamos morando em um mundo simulado , então a interação da mente com essa simulação se tornará um fator-chave de atenção. Descartes sustentou que a mente é separada do corpo, uma ideia chamada dualismo. Essa visão levanta questões intrigantes sobre o caráter da mente em uma realidade simulada: se a mente pode pensar independentemente do quadro no mundo corporal, ela deveria adicionalmente aparecer em uma simulação? A mente ainda teria negócios em um mundo onde cada revelação sensorial é gerenciada e criada usando uma força externa?

Além disso, Descartes acreditava que a expertise do mundo exterior é mediada pelos sentidos, mas os sentidos podem ser enganados. No caso da ideia de simulação, os pensamentos ainda podem perceber uma verdade construída, provavelmente manipulada por uma inteligência superior. Isso levanta a questão de se nosso reconhecimento é capaz de se libertar dos limites simulados para adquirir informações reais ou se ele está permanentemente restrito a experimentar uma realidade fabricada.

O ceticismo de Descartes e a declaração subsequente de que os pensamentos são a fundação indubitável mais eficaz para a compreensão continuam a ser um ponto importante nos debates filosóficos sobre a natureza do fato. No entanto, a teoria da simulação expande o ceticismo autêntico de Descartes, sugerindo que não apenas nossos sentidos podem mentir para nós, mas todo o mundo internacional que vivenciamos é provavelmente uma ilusão, controlada por meio de uma máquina externa e artificial. Essa visão amplia o escopo da dúvida original de Descartes ao implicar que o próprio mundo externo pode não existir da maneira como o entendemos.

Se a teoria da simulação se mantiver, e nossa verdade for artificialmente construída, a declaração de Descartes de que os pensamentos são a musa da realidade poderia ser examinada de forma semelhante. Em um global simulado , os pensamentos são provavelmente um detalhe crítico, no entanto suas revisões podem ser restringidas por meio da estrutura da simulação. O dualismo de Descartes — sua separação de mente e corpo — ainda assim pratica se o global corporal for uma ilusão? Ou os pensamentos em si são meramente um elemento da simulação, existindo nos parâmetros definidos pela máquina artificial?

A exploração filosófica de René Descartes sobre a dúvida e a natureza do fato oferece uma base profunda para discussões de ponta sobre o caráter da existência, especialmente em relação à teoria da simulação. O Cogito, ergo sum de Descartes ressalta o papel central da atenção no fato do conhecimento, mas a teoria da simulação complica isso ao pensar a realidade da arena na qual o conhecimento existe. Seja em um mundo de engano externo ou em um universo simulado, o ceticismo de Descartes continua sendo uma ferramenta essencial para o conhecimento dos limites da informação humana e da posição da noção na formação de nossos relatórios.

À medida que continuamos a descobrir as implicações filosóficas do princípio da simulação, as pinturas de Descartes servem como uma pedra de toque para comparar como nossas mentes sistematizam, interpretam e, finalmente, questionam o fato em que existimos. Em um internacional que é provavelmente uma simulação, a questão central permanece: se formos enganados, como seremos capazes de reconhecer honestamente o que é real?

2.3 Berkeley e o idealismo: se a matéria não existe, o que é a realidade?

A ideia de idealismo, como proposto pelo lógico do século XVIII George Berkeley, dá uma lente encantadora através da qual se pode ver o caráter do fato — uma que ressoa profundamente com as discussões modernas sobre o conceito de simulação. O idealismo de Berkeley desafia a suposição não incomum de que o mundo corporal existe independentemente de nossa percepção dele. Seu famoso ditado, "esse est percipi" (ser é ser percebido), afirma que a verdade consiste apenas em mentes e suas ideias. Em outras palavras, o global externo não existe mais fora das percepções de seres conscientes, e os dispositivos de tecido são melhores reais na medida em que são percebidos.

O idealismo de Berkeley, à primeira vista, parece notavelmente único em relação à visão de mundo materialista, onde o universo corpóreo existe independentemente da percepção humana. No entanto, quando levados em consideração dentro do contexto da teoria da simulação, os pensamentos de Berkeley parecem ter uma relevância surpreendente para questões filosóficas modernas sobre a natureza do fato.

O idealismo de George Berkeley deriva de sua tarefa radical para o pensamento materialista da verdade. De acordo com Berkeley, a vida dos objetos depende inteiramente de serem percebidos. Sem um pensamento para percebê-los, os gadgets deixam de existir. Em sua obra A Treatise Concerning the Principles of Human Knowledge, Berkeley argumenta que todos os gadgets corporais são, na verdade, ideias nos pensamentos, e essas ideias são sustentadas por Deus, que constantemente percebe e sustenta o mundo em existência. Para Berkeley, não há necessidade de uma substância de pano para explicar a arena ao nosso redor. Em vez disso, tudo o que desfrutamos — seja uma pedra, uma árvore ou um planeta —

é, na realidade, uma ideia dentro dos pensamentos, um item de noção.

Essa visão desafia fundamentalmente a suposição materialista de que os objetos existem independentemente da mente. O argumento de Berkeley depende do conceito de que nossos relatórios sensoriais — visão, contato, paladar e assim por diante — não são o resultado de interações com um global independente da mente , mas são, em vez disso, parte de uma estrutura mental. O internacional externo, na visão de Berkeley, não é feito de materiais têxteis, mas é, em vez disso, uma coleção de percepções, que podem ser sustentadas com a ajuda de uma mente divina. A questão de como a verdade pode existir sem dispositivos materiais é respondida por Berkeley com o anúncio de que todas as coisas existem dentro dos pensamentos de Deus.

A conexão entre o idealismo de Berkeley e a ideia de simulação se torna óbvia quando relembramos o caráter da percepção em uma realidade simulada. Se nossas percepções do mundo são o resultado de uma simulação, então, assim como o idealismo de Berkeley, o mundo exterior pode não existir independentemente de nossa crença nele. Em um universo simulado, tudo o que nos deleitamos — cada objeto, cada paisagem, cada pessoa — existe porque a simulação é projetada para fornecer essas histórias para nós. O internacional não existe mais fora da simulação; ele existe devido ao fato de estar sendo percebido por nós, a população da simulação.

O conceito de simulação, que postula que nossa realidade é uma simulação gerada por computador, tem muitos paralelos com o idealismo de Berkeley. Em uma simulação, o mundo "corpóreo" ao nosso redor não será nada mais do que uma ilusão criada com a ajuda de uma máquina de computador sofisticada. Assim como o idealismo de Berkeley nega a existência de um tecido global externo , o princípio da simulação sugere que o universo físico que percebemos não é "real" dentro da sensação convencional, mas é, em vez disso, uma cadeia de percepções geradas por meio de uma máquina computacional.

Tanto na filosofia de Berkeley quanto na ideia de simulação, a percepção desempenha uma posição vital na constituição do fato. O idealismo de Berkeley afirma que os itens existem melhor na medida em que são percebidos, e a teoria da simulação argumenta que nossas revisões sensoriais não são interações com um mundo externo , mas interações com um ambiente simulado. Ambas as perspectivas aconselham que a verdade nem sempre é uma entidade imparcial, mas está alternativamente profundamente entrelaçada com as percepções de seres conscientes.

Para Berkeley, a vida dos gadgets depende da crença desses objetos. Se paramos de perceber um item, ele deixa de existir. Em uma simulação, essa ideia encontra um eco impressionante: se por algum motivo nos desconectarmos da simulação ou impedirmos de perceber o mundo simulado, os gadgets dentro dele desistiriam de existir também. O universo inteiro em uma simulação não é nada mais do que uma cadeia de pontos de fatos e entradas sensoriais, criadas e mantidas pelo dispositivo computacional. Dessa forma, o idealismo e o conceito de simulação de Berkeley minam a percepção de um mundo de tecido independente de pensamentos.

O idealismo de Berkeley termina em uma questão interessante: qual é a função da mente no desenvolvimento do fato? Para Berkeley, a mente — em particular a mente de Deus — é o último observador que sustenta a vida do setor. No entanto, dentro do contexto da ideia de simulação, a posição da mente é transferida para os criadores da simulação. Neste exemplo, os pensamentos conscientes (sejam humanos ou artificiais) estão experimentando uma verdade que é projetada, gerada e gerenciada por uma fonte externa.

Isso levanta questões interessantes sobre o caráter da consciência e sua datação para a realidade. No idealismo de Berkeley, a atenção é a fonte de toda a verdade, pois a arena existe melhor conforme é percebida pelas mentes. Em uma simulação, a cognição — seja humana ou sintética — percebe o setor dentro dos limites da simulação, no entanto, essa percepção é gerada por meio de um dispositivo computacional externo. Os pensamentos ainda são cruciais para o desenvolvimento da verdade, no entanto, suas percepções são mediadas pela simulação, toneladas como a mente de Berkeley é baseada no divino para manter o fato do setor.

Uma das principais contribuições de Berkeley para a filosofia foi sua tarefa para a noção de substância do tecido. De acordo com Berkeley, as substâncias do tecido — matérias que existem independentemente dos pensamentos — não existem. Tudo o que existe são pensamentos dentro dos pensamentos, e esses pensamentos são sustentados por Deus. Em uma linha semelhante, o conceito de simulação indica que o mundo corporal, como o percebemos, é um fantasma. Os gadgets que vemos, tocamos e interagimos podem não existir em um sentido material, mas são alternativamente feitos de uma simulação projetada para criar a ilusão de um mundo de tecido.

Se a arena é uma simulação, então, similar aos pensamentos de Berkeley, os gadgets que entendemos não são "reais" dentro da experiência tradicional. A cadeira em que você está sentado, o chão sob seus pés e o céu acima de você são todos parte do ambiente simulado que você aprecia. Esses objetos podem não ter existência imparcial, mas são reais na medida em que podem ser parte do fato simulado criado para perceber. Isso reflete a visão de Berkeley de que o mundo corporal nada mais é do que uma coleção de percepções sustentadas por um pensamento.

No idealismo de Berkeley, o mundo é, no final, sustentado pelo uso da mente de Deus, que garante que o setor continue a existir mesmo quando as pessoas não o percebem. No conceito de simulação, o mundo é sustentado pela energia computacional dos criadores da simulação, que são responsáveis por reter a arena e garantir que ela continue a apresentar-se como um gadget coerente e interativo. Assim como Berkeley acreditava que Deus se tornava o perceptor e sustentador final da arena, a teoria da simulação indica que pode haver um escritor ou conjunto de criadores que mantêm a simulação na qual existimos.

Este paralelo entre o idealismo de Berkeley e a ideia de simulação aumenta questões filosóficas intrigantes sobre a natureza dos pensamentos, a função da crença no desenvolvimento de fatos e a capacidade de um autor ou força controladora por trás da nossa verdade. Quer estejamos residindo em um internacional sustentado por meio de noção divina ou em um global sustentado com o auxílio de tecnologia avançada, a questão permanece: se a confiança não existe independentemente da percepção, qual é, então, a natureza do fato?

O idealismo de George Berkeley oferece uma perspectiva assustadora sobre a natureza da realidade, uma que desafia situações da visão materialista convencional e ressoa fortemente com as questões colocadas pelo conceito de

Fevzi H.

simulação. Tanto o idealismo quanto a ideia de simulação recomendam que o setor que percebemos pode não ser uma verdade objetiva e imparcial, mas é, em vez disso, um conjunto de percepções, seja nos pensamentos ou dentro de um sistema simulado. A questão do que constitui a realidade não é facilmente respondida, no entanto, as ideias de Berkeley ajudam a iluminar as profundas implicações filosóficas da especulação da simulação. Se a dependência não existe da maneira como a entendemos historicamente, então a verdade em si pode ser muito mais evasiva, complicada e dependente da percepção do que jamais imaginamos.

2.4 Argumento da Simulação de Bostrom: O que é Real no Universo?

No século XXI, uma das contribuições mais influentes para a discussão do conceito de simulação veio do lógico Nick Bostrom. Em 2003, Bostrom forneceu o agora bem conhecido Argumento da Simulação, que sugere que é viável — ou mesmo com toda a probabilidade — que toda a nossa realidade seja uma simulação gerada por computador criada usando uma civilização mais avançada. O argumento de Bostrom surgiu como um fator relevante de diálogo em cada filosofia e ficção de know-how tecnológico, com muitos refletindo sobre se estamos vivendo em uma simulação ou se nossas percepções do universo replicam ou não um mundo real, "real".

O argumento de simulação de Bostrom é baseado em uma cadeia de afirmações probabilísticas, fundamentadas na ideia de que pelo menos uma em todas as três proposições deve ser real:

1. A Espécie Humana Será Extinta Antes de Atingir um Estágio Pós-Humano: Esta proposição mostra que a humanidade não ampliará de forma alguma as habilidades tecnológicas para criar simulações sensatas e em larga escala de conhecimento. Pode haver uma barreira tecnológica ou risco existencial que nos impeça de atingir este reino avançado, o que significa que realidades simuladas não poderiam de forma alguma vir a existir.

2. Uma civilização pós-humana dificilmente simularia consciências realistas: Essa possibilidade postula que, embora a humanidade alcance um reino pós-humano com a capacidade de simular atenção, ela pode escolher agora não criar essas simulações. As motivações para não mais fazê-lo serão morais, filosóficas ou associadas aos perigos de criar entidades consideráveis e conscientes dentro de simulações.

3. Estamos quase certamente vivendo em uma simulação: A proposição 0,33 é a mais controversa e a única que gerou mais debate. De acordo com Bostrom, se as duas proposições primárias são falsas — o que significa que civilizações avançadas expandem a era para simular a atenção e escolhem fazer isso — então o número de realidades simuladas

deve superar em muito as realidades "reais". Nesse caso, as chances de pessoas vivendo em uma simulação aumentam dramaticamente. Se há bilhões de mundos simulados e apenas uma pequena variedade de mundos "reais", é estatisticamente mais provável que estejamos vivendo em uma realidade simulada.

O argumento de Bostrom é construído sobre a ideia de que, se uma civilização tecnologicamente superior tem a capacidade de simular a consciência, ela seria capaz de desenvolver simulações tão realistas que os seres simulados dentro dela podem não ser capazes de diferenciar a simulação do "fato". Dado isso, a variedade de simulações deve superar os mundos reais, e a possibilidade de residir em uma simulação pode acabar sendo muito excessiva.

O cerne do argumento de Bostrom está no raciocínio estatístico. Se civilizações futuras forem capazes de criar simulações de cognição, e no caso de elas escolherem fazer isso, a grande variedade de seres conscientes simulados pode superar em muito a grande variedade de humanos reais. Em um destino hipotético com uma gama virtualmente infinita de simulações, a gama de realidades simuladas pode pesar sobre o número de realidades físicas reais.

Para ilustrar essa ideia, Bostrom usa uma técnica probabilística: se estamos vivendo em um mundo no qual civilizações pós-humanas têm o potencial de simular seres conscientes, então a grande quantidade de entidades simuladas tornaria extremamente provável que sejamos uma delas. O argumento se baseia na crença de que, dado tempo suficiente, uma civilização pós-humana poderia ser extremamente inspirada a criar várias simulações, talvez para funções clínicas, antigas ou de lazer. Quanto mais simulações houver, mais estatisticamente com toda a probabilidade se torna que estamos morando em uma única.

Este experimento conceitual introduz um paradoxo emocionante: se estamos vivendo em uma simulação, qual é a natureza da "realidade" que confiamos ser real? Nossas experiências, interações e percepções seriam tão reais para nós quanto os relatos de alguém em um mundo "real". No entanto, de uma atitude cósmica, não podemos ser mais reais do que os personagens em uma recreação de PC.

O argumento da simulação de Bostrom levanta questões profundas sobre o caráter da verdade em si. Se aceitarmos que poderíamos estar vivendo em uma simulação, isso desafia nossa experiência de estilos de vida. O que implica ser "real" em um universo que pode não ser "real" da maneira como o entendemos historicamente? O fato é o resultado de um mundo físico e imparcial, ou é uma montagem projetada por meio de uma inteligência superior maior?

Essas questões resultam em uma reavaliação de nossas suposições primárias sobre a vida. Se estivermos em uma simulação, então nossa percepção do corpo global — o solar, as estrelas, a Terra — pode querer ser toda fabricada, projetada para criar uma narrativa coerente para os habitantes da simulação. Os dispositivos aparentemente sólidos, as leis da física e a passagem do tempo podem não ser maiores do que ilusões criadas por um dispositivo computacional. Nesse cenário, o "real" internacional pode adicionalmente estar além da simulação, mas é impossível acessá-lo ou reconhecê-lo imediatamente.

Nesse leve, a questão de se permanecemos em uma simulação se torna não apenas uma curiosidade filosófica, mas uma profunda tarefa para nossa teoria da verdade. Ela nos força a reconsiderar o que constitui "o real internacional" e se algo pode ou não ser dito como absolutamente real se existe totalmente dentro de uma simulação.

O argumento de Bostrom também se aprofunda nas questões tecnológicas e morais que cercam a criação de simulações. Se civilizações avançadas têm a capacidade de simular cognição, elas devem ter? Quais responsabilidades éticas tais civilizações poderiam ter em relação aos seres simulados que inventam? Essas questões não são simplesmente teóricas; elas nos convidam a refletir sobre as implicações éticas da criação de simulações de seres conscientes e os resultados de capacidade para cada um dos criadores e dos criados.

Se simulações são criadas com entidades conscientes que se deleitam com dor, alegria ou luta, então o dilema ético se torna urgente: os criadores dessas simulações devem ser responsáveis pelo bem-estar de seus habitantes simulados? As entidades simuladas devem ter direitos, ou sua vida é simplesmente um meio de desistir dos criadores da simulação? Essas questões morais trazem à tona as implicações éticas de capacidade da tecnologia superior, especialmente em termos de consciência artificial e a criação de realidades simuladas.

O argumento da simulação de Bostrom também traz à tona o problema filosófico do solipsismo — a crença de que a mente e as percepções pessoais de alguém certamente existem. Se estamos residindo em uma simulação, também podemos questionar a existência de tudo fora da nossa verdade percebida. Os humanos ao nosso redor são reais ou são realmente programas rodando dentro da simulação? Existe um mundo "real" além da simulação e, nesse caso, como podemos obter admissão nele ou entender algo sobre ele?

O argumento da simulação, nessa experiência, traz o solipsismo para o mundo do conhecimento e da geração tecnológica, perguntando se o mundo que vivenciamos é virtualmente imparcial em nossas mentes, ou se é apenas uma construção dentro de uma simulação enorme e complexa. De muitas maneiras, o argumento da simulação amplifica as preocupações solipsistas levantadas pelo idealismo de Berkeley, pois ambas as perspectivas recomendam que o que percebemos como realidade pode ser muito mais tênue do que jamais imaginamos.

O argumento de simulação de Nick Bostrom teve um efeito profundo nas discussões filosóficas e científicas contemporâneas sobre a natureza da realidade. Ele apresenta um caso convincente de que, dada a capacidade de civilizações avançadas de criar simulações, a chance de habitar um fato simulado pode ser muito maior do que pensamos. O argumento desafia nossas suposições fundamentais máximas sobre o universo, convidando-nos a repensar a própria natureza da vida e nossa vizinhança no cosmos.

Ao explorar as consequências do argumento de Bostrom, chegamos a uma compreensão mais profunda do que significa ser "real" em um universo que pode não ser como o percebemos. O argumento da simulação não simplesmente desafia nossas perspectivas de física, era e ética — ele nos força a confrontar a própria natureza do fato em si. Se estamos de fato vivendo em uma simulação, então o que é real? E, mais importante, o que implica ser real em primeiro lugar?

2.5 A evolução histórica do conceito de simulação

O conceito de que a realidade não será o que parece e que nossas percepções podem ser inspiradas ou mesmo construídas por meio de uma pressão externa tem um longo e fascinante registro. A ideia de simulação, como a apreendemos hoje em dia, avançou ao longo dos séculos, formada por meio de avanços filosóficos, médicos e tecnológicos. A jornada de antigas reflexões metafísicas para teorias tecnológicas modernas de realidades simuladas bem conhecidas mostra muito sobre a busca contínua da humanidade para entender o caráter dos estilos de vida e nossa área dentro do universo.

As primeiras reflexões filosóficas sobre simulação podem ser rastreadas novamente até pensadores históricos que confundiram a natureza da noção e da verdade. O conceito de que a arena que vivenciamos pode ser uma ilusão ou uma projeção insignificante foi explorado por Platão em sua Alegoria da Caverna (por volta de 380 a.C.). Nesta alegoria, Platão descreve prisioneiros acorrentados dentro de uma caverna, que só conseguem ver sombras sólidas na parede através de dispositivos atrás deles. Esses prisioneiros confundem as sombras com a realidade porque nunca viram os próprios dispositivos. Esta alegoria destaca a possibilidade de que o que percebemos como realidade pode ser apenas uma imagem espelhada tênue e distorcida de uma realidade mais profunda, um assunto que pode ressoar ao longo dos séculos à medida que as discussões sobre fantasia e realidade se espalham

.

O conceito de ilusão e o caráter da verdade foram explorados de forma semelhante por filósofos posteriores, inclusive Descartes, cujas Meditações sobre a Primeira Filosofia (1641) trouxeram a ideia de dúvida radical. Descartes ficou famoso por questionar a veracidade de todas as coisas, até mesmo de sua própria vida, considerando que ele poderia estar sob o impacto de um demônio enganador — uma pressão externa controlando suas percepções. Embora Descartes não tenha explicitamente corporificado isso como uma "simulação", suas reflexões filosóficas estabeleceriam as bases para pensamentos posteriores que hiperligariam o engano e o desenvolvimento de fatos a construções tecnológicas e metafísicas.

À medida que o pensamento médico avançava, o mesmo acontecia com a exploração da conexão entre realidade e noção. Nos séculos XVII e XVIII, o desenvolvimento do empirismo e do racionalismo causou novas abordagens do conhecimento dos sentidos e do papel dos pensamentos na formação de nossa experiência do setor. Pensadores como John Locke, George Berkeley e Immanuel Kant abordaram a natureza da verdade e da percepção, influenciando no final o discurso que pode cercar o princípio da simulação.

Berkeley, por exemplo, defendeu o idealismo — a percepção de que dispositivos de tecido não existem mais independentemente dos pensamentos. Em sua obra A Treatise

Concerning the Principles of Human Knowledge (1710), ele propôs que a verdade é inteiramente construída por meio da percepção e que cada estilo de vida depende da mente de Deus. Embora Berkeley não tenha corporificado seus pensamentos em termos de simulação, seu argumento de que o global externo depende da percepção se alinha com noções posteriores de fato como uma construção, prenunciando ideias contemporâneas de realidades simuladas ou digitais.

Immanuel Kant, em sua Crítica da Razão Pura (1781), apresentou uma perspectiva mais matizada com a ajuda de postular que os humanos não podem reconhecer o mundo como ele absolutamente é, por mais simples que nos pareça através das lentes de nossas escolas sensoriais e categorias mentais. O trabalho de Kant levantou questões sobre os limites da noção humana, sugerindo que nunca podemos obter admissão à "coisa em si" (a verdadeira natureza da verdade) e que nossos relatos são continuamente mediados com a ajuda das estruturas dos pensamentos. Isso levanta a possibilidade de que nossos relatos, e, portanto, nossas informações da realidade, possam ser inerentemente limitados e potencialmente manipulados por forças externas — um tópico relevante para o conceito de simulações.

O século XX testemunhou o rápido avanço da tecnologia e, com isso, novas discussões sobre a natureza da verdade começaram a tomar forma. O desenvolvimento da computação, da verdade virtual e da cibernética trouxe a oportunidade de que a realidade seria artificialmente construída ou manipulada por meio de máquinas. Em meados do século XX, pensadores como Norbert Wiener, que baseou a esfera da cibernética, exploraram o conceito de estruturas de manipulação e loops de observações em cada estrutura biológica e mecânica. Esses pensamentos poderiam mais tarde impactar as discussões sobre inteligência sintética e simulações, sugerindo que as máquinas poderiam, mais cedo ou mais tarde, simular o foco e a própria realidade.

Na área de ficção de know-how tecnológico, o conceito de realidades simuladas se tornou um assunto distinto no final do século XX. Trabalhos como Matrix (1999) e Neuromancer (1984) trouxeram a ideia de mundos simulados para a vanguarda do modo de vida famoso. Esses testemunhos retrataram personagens vivendo em ambientes simulados que eram indistinguíveis de fatos "reais", levantando questões sobre a natureza da consciência, liberdade e o controle exercido por entidades poderosas. A ideia de que simulações podem ser tão superiores que podem não ser possíveis de distinguir da realidade real capturou a imaginação do público em geral e dos filósofos.

O conceito de princípio de simulação como o entendemos hoje em dia deve muito ao trabalho do filósofo Nick Bostrom, que em 2003 formulou o Argumento da

Simulação, que sugere que é milhas viável — ou talvez provavelmente — que estejamos vivendo em uma verdade simulada criada usando uma civilização complicada. Com base no trabalho de filósofos anteriores, Bostrom introduziu a percepção de "civilizações pós-humanas" capazes de passear por simulações extensas e distintas de seres conscientes. Seu argumento oferece uma atribuição estatística à nossa percepção de fato, sugerindo que se civilizações superiores criam tais simulações, é muito mais provável que estejamos morando em uma do que em um internacional "real".

As pinturas de Bostrom introduziram juntos questionamentos filosóficos sobre fatos, noções e a natureza do foco com tendências tecnológicas de ponta, desenvolvendo uma nova estrutura para a ideia de simulação de expertise. Seu argumento de simulação elevou a comunicação além das reflexões filosóficas, introduzindo a possibilidade de que tecnologias avançadas possam em breve ser capazes de criar simulações tão avançadas que podem ser indistinguíveis da verdade física real.

No século XXI, melhorias na realidade virtual (RV), inteligência artificial (IA) e computação quântica elevaram ainda mais o discurso em torno do princípio da simulação. À medida que a geração melhora, a ideia de criar simulações que se assemelham muito ou até mesmo replicam experiências humanas se transforma em potencial extra. Mundos virtuais, juntamente com aqueles criados em ambientes de RV, tornaram-se cada vez mais realistas, permitindo a introdução de mundos inteiros que imitam o mundo físico , completos com inteligências artificiais que interagem com clientes humanos de maneiras cada vez mais sofisticadas.

À medida que essas tecnologias continuam a se expandir, os traços entre o que é "real" e o que é "simulado" se tornaram cada vez mais confusos. Por exemplo, a realidade digital já criou relatórios que podem ser envolventes e convincentes o suficiente para enganar os sentidos. Os sistemas de IA, enquanto isso, estão começando a simular condutas semelhantes às humanas, levando a questões sobre a natureza da consciência e a capacidade das máquinas de se tornarem autoconscientes. Esses desenvolvimentos recomendam que o destino da era da simulação deve negociar consideravelmente nossa compreensão do que constitui a verdade.

A ideia de simulação avançou de questões filosóficas históricas sobre percepção e realidade para uma sofisticada teoria atual que mistura filosofia, ciência e tecnologia. Da Alegoria da Caverna de Platão ao Argumento da Simulação de Bostrom, a ideia de que nossa verdade pode ser um fantasma ou uma simulação construída tem sido um desafio importante para pensadores ao longo da história. Com o rápido avanço da tecnologia, a questão de se estamos residindo em uma simulação agora não é apenas uma questão filosófica, mas uma preocupação sensata que se cruza com os campos da tecnologia de computadores, inteligência sintética e neurociência.

À medida que continuamos a empurrar os limites da era, a noção de realidades simuladas provavelmente continuará a evoluir, apesar do nosso conhecimento do que significa ser "real" e nos forçando a confrontar questões profundas sobre a existência, o conhecimento e a natureza do próprio universo. A evolução histórica do princípio da simulação, da filosofia histórica à tecnologia atual, ilustra o fascínio duradouro da humanidade pela natureza do fato e nossa região dentro dele.

CAPÍTULO 3

Física Quântica e a Natureza da Realidade

3.1 Mecânica Quântica: A realidade é sólida ou feita de probabilidades?

A natureza da realidade tem sido uma questão essencial no curso dos registros humanos, atraindo cada filósofo e cientista. A física clássica indica que o universo opera sob leis determinísticas e bem definidas, enquanto a mecânica quântica famosa uma verdade que é incerta, probabilística e motivada por meio de comentários. O surgimento da mecânica quântica revolucionou nossa compreensão da estrutura essencial do universo, mas também levantou profundas questões clínicas e filosóficas sobre o caráter do próprio fato.

A mecânica quântica foi desenvolvida no início do século XX para fornecer uma explicação para fenômenos naturais que a física clássica não conseguiu descrever. As pinturas de Max Planck sobre radiação de corpo negro e sua sugestão de que a energia é emitida em pacotes discretos (quanta) estabeleceram a base para a ideia quântica. Em 1905, Albert Einstein estabeleceu que a luz pode querer se comportar não apenas como uma onda, mas também como uma partícula (fóton) por meio de sua clarificação do efeito fotoelétrico.

Essas descobertas adicionaram uma atitude notavelmente nova sobre como a realidade opera nas menores escalas, substituindo o determinismo da física clássica por incerteza e acaso. Enquanto a física newtoniana recomendava que o universo acompanhasse leis particulares e previsíveis, a mecânica quântica introduziu a noção de que o fato em si é essencialmente probabilístico.

Uma das primeiras indicações de que o fato não será tão estável como parece vem da dualidade onda-partícula de contagem e potência. A especulação de Louis de Broglie introduziu a ideia de que partículas, consistindo de elétrons, podem exibir comportamento tanto de onda quanto de partícula.

Experimentos mostraram que elétrons podem existir em múltiplos estados agora mesmo, comportando-se como ondas quando não encontrados e como partículas quando medidos. Esse fenômeno ao mesmo tempo exige situações de nossa compreensão convencional do fato: se um objeto pode ser tanto uma onda quanto uma partícula, como seu país pode ser absolutamente definido?

A demonstração mais conhecida da dualidade onda-partícula é o teste da dupla fenda. Quando elétrons ou fótons são disparados contra uma barreira com duas fendas, eles criam uma amostra de interferência, comportando-se como ondas. No entanto, enquanto tentamos examinar por qual fenda eles passam, a amostra de interferência desaparece, e os detritos se comportam como se tivessem passado por apenas uma fenda.

Este experimento sugere que a declaração em si altera a verdade física. Em vez de uma realidade dura, rápida e objetiva, o internacional quântico parece ser formado por meio de dimensão e interação, reforçando o conceito de que a verdade nem sempre é absoluta, mas probabilística.

Werner Heisenberg adicionou o princípio da incerteza em 1927, que é um dos princípios médios da mecânica quântica. De acordo com esse princípio, é impossível determinar exatamente a posição e o momento de uma partícula simultaneamente. Quanto mais precisamente uma for conhecida, mais incerta a outra se tornará.

Este princípio implica que a natureza essencial do universo não é constante e predeterminada, mas inerentemente incerta. Ao contrário da física clássica, que descreve objetos com medidas únicas, a mecânica quântica descreve a realidade em termos de chances.

O preceito da incerteza de Heisenberg não é apenas um conceito teórico, mas um pertence essencial da natureza. Em vez de atribuir uma vizinhança particular a um elétron, a mecânica quântica fornece uma distribuição de chance descrevendo onde o elétron pode ser encontrado. Isso desafia a crença da realidade como uma forma rígida e, em vez disso, a apresenta como uma entidade flutuante e probabilística.

Outra ideia-chave na mecânica quântica é a superposição, na qual uma partícula existe em alguns estados simultaneamente até ser medida. Por exemplo, um elétron pode estar em várias órbitas excepcionais ao mesmo tempo, no entanto, enquanto determinado, ele "colapsa" direto para um estado não casado.

Isso desafia nosso conhecimento da verdade física, pois sugere que, antes da dimensão, um objeto existe como uma onda de chance em vez de uma entidade precisa. O ato de observação o força a entrar em um país solteiro e bem descrito.

Este fenômeno é ilustrado com a ajuda do paradoxo do gato de Schrödinger, em que um gato dentro de uma caixa fechada está vivo e morto simultaneamente por causa da superposição quântica. No entanto, assim que o recipiente é aberto, o gato é descoberto em apenas um país exato — vivo ou morto. Este paradoxo destaca como a declaração impacta a verdade e força as possibilidades quânticas a resultados finais solteiros.

O modelo de fato descrito pela mecânica quântica é essencialmente excepcional daquele da física clássica. Enquanto a física newtoniana apresenta um universo governado por meio de relações estritas de motivo e efeito, a mecânica quântica sugere que a verdade é moldada por meio de possibilidade e declaração.

Os principais conceitos da mecânica quântica sugerem que:

• A realidade não é absoluta, mas é motivada por meio de comentários e tamanho.

• As partículas não têm propriedades definidas até serem medidas; elas existem como distribuições de oportunidades.

• A dualidade onda-partícula mostra que a verdade tem propriedades contínuas (onda) e discretas (partícula).

• O preceito da incerteza revela que há limites inerentes ao que pode ser considerado aproximadamente o mundo físico

.

Isso aumenta a questão: Se o fato é inspirado por meio de comentários, isso implica que a consciência desempenha uma posição viva na formação do universo? Se a natureza fundamental do universo é probabilística, então a realidade em si não será uma estrutura imparcial e objetiva, mas, em vez disso, uma máquina em fluxo, interagindo continuamente com dimensão e noção.

A mecânica quântica não oferece uma resposta definitiva sobre se a verdade é forte ou probabilística, mas mudou profundamente nossa experiência do universo. Enquanto a física clássica perspectiva a realidade como determinística e dependente, a mecânica quântica indica que a verdade é dinâmica e moldada pelo uso de chances.

Talvez a verdade não seja uma estrutura rígida, mas uma interação evolutiva de possibilidades e observação. A natureza essencial do universo pode não ser fixa, mas em vez disso existe como uma onda flutuante de oportunidades, colapsando na realidade mais simples quando encontrada. A grande natureza da mecânica quântica continua a remodelar nosso conhecimento de fatos e atribuições de nossas suposições mais internas sobre a natureza dos estilos de vida.

3.2 O Experimento da Dupla Fenda: Como a Observação Afeta a Natureza da Matéria?

O experimento da dupla fenda é um dos experimentos mais conhecidos e intrigantes da mecânica quântica, demonstrando o comportamento estranho e contraintuitivo dos detritos no nível quântico. Ele desafia nossa informação clássica da verdade ao exibir que o próprio comentário pode ajustar a conduta da matéria. Este experimento tem implicações profundas para o caráter dos detritos, a dualidade onda-partícula e a posição da consciência na definição da verdade.

Antes de mergulhar no modelo quântico do experimento, é muito benéfico lembrar como podemos supor que a memória e a força se comportem com base na física clássica. Se dispararmos partículas minúsculas (junto com grãos de areia) em uma barreira com duas fendas, elas devem se comportar como balas, formando faixas maravilhosas em uma tela na parte de trás das fendas, correspondendo às trilhas feitas por cada fenda.

Se, como alternativa, usarmos ondas — que incluem ondas de água — passando pelas fendas, elas interferirão umas nas outras, criando uma amostra de faixas brilhantes e escuras alternadas, conhecidas como padrão de interferência. As faixas brilhantes correspondem à interferência construtiva, em que as ondas endurecem umas às outras, assim como as faixas escuras correspondem à interferência desfavorável, em que as ondas se cancelam.

Na física clássica, a confiança e a força foram conceitos para serem basicamente específicos: os detritos tinham posições maravilhosas e viajavam em caminhos retos, enquanto as ondas eram ininterruptas e capazes de interferência. No entanto, o teste da dupla fenda revelou uma verdade profunda e inquietante: as partículas quânticas exibem cada conduta semelhante a uma partícula e semelhante a uma onda, dependendo se podem ou não ser encontradas.

No modelo quântico do experimento, elétrons ou fótons são disparados um após o outro mais perto de uma barreira com fendas , e uma tela de exibição do detector registra seu efeito. A expectativa, baseada principalmente no instinto clássico, pode ser que cada elétron passe por uma fenda ou a alternativa, formando duas faixas na tela de exibição — simplesmente como pequenas balas podem fazer.

No entanto, as consequências reais desafiam essa expectativa. Em vez de formar bandas maravilhosas , os elétrons produzem um padrão de interferência, como se estivessem se comportando como ondas em vez de partículas.

Isso sugere que cada elétron de alguma forma "passa por ambas as fendas imediatamente" e interfere consigo mesmo, como se existisse em alguns lugares simultaneamente.

O verdadeiro mistério surge enquanto os cientistas tentam determinar por qual fenda cada elétron passa. Para tentar isso, eles colocam uma ferramenta de medição nas fendas para examinar o caminho do elétron. No momento em que os elétrons são descobertos, seu comportamento se ajusta dramaticamente: o padrão de interferência desaparece, e eles se comportam como partículas clássicas, formando bandas distintas em preferência à amostra de interferência em forma de onda.

Este resultado final sugere que o mero ato de observação colapsa a característica de onda, forçando o elétron a se comportar como uma partícula em vez de uma onda. Este fenômeno é um dos aspectos mais complicados da mecânica quântica e aumenta questões profundas sobre o caráter da verdade e o papel do tamanho.

O experimento da dupla fenda é uma demonstração imediata da dualidade onda-partícula, uma ideia fundamental na mecânica quântica. Este princípio afirma que partículas que incluem elétrons e fótons exibem casas tanto semelhantes a partículas quanto semelhantes a ondas, dependendo de como são medidas.

• Quando não são mais observados, os detritos se comportam como ondas, presentes em uma superposição de todos os caminhos possíveis.

• Quando medida ou observada, a característica da onda colapsa e a partícula adota uma única função precisa.

Este método de que a conduta de partículas quânticas nem sempre é fixa, no entanto, é solicitado com a ajuda de se elas são ou não observadas. Ao contrário da física clássica, em que os gadgets têm residências definidas, independentemente da dimensão, a mecânica quântica indica que o país de uma partícula permanece incerto até que seja medido.

Uma das implicações filosóficas mais intrigantes do experimento da dupla fenda é o efeito observador — a ideia de que o próprio comentário altera a verdade física. A verdade de que medir por qual fenda uma partícula está passando a força a se comportar como uma partícula clássica no lugar de uma onda levanta questões fundamentais:

• O conhecimento desempenha uma função na formação dos fatos?

• A verdade é independente da observação ou ela só se "solidifica" quando medida?

• O que isso significa aproximadamente sobre a natureza da vida?

Algumas interpretações da mecânica quântica, incluindo a Interpretação de Copenhagen, aconselham que o fato permanece indefinido até que seja descoberto. Em avaliação, a Interpretação de Muitos Mundos argumenta que todas as consequências possíveis ocorrem em universos paralelos, o que significa que a função de onda nunca entra em colapso, mas, alternativamente, ramifica-se em realidades diferentes.

Uma hipótese mais controversa, chamada de idealismo quântico, propõe que a consciência em si é uma pressão essencial que molda a verdade. Essa ideia indica que a realidade não existe em uma nação específica até que seja percebida, o que implica que a mente desempenha uma posição dentro do tecido internacional. Embora isso permaneça especulativo, os resultados do teste de dupla fenda continuam a arriscar nossa compreensão essencial dos estilos de vida.

Várias variações do teste de dupla fenda foram conduzidas para descobrir adicionalmente suas implicações. Um modelo especialmente marcante é o teste de desejo não pontual, proposto pelo físico John Wheeler.

Nesta versão, a seleção para dar uma olhada em qual fenda a partícula passa é feita depois que a partícula já passou pelas fendas, mas antes de atingir a tela do detector. Notavelmente, mesmo que a partícula já tenha "selecionado" uma rota, a decisão de dar uma olhada nela retroativamente determina seu comportamento.

Isso sugere que os detritos quânticos não têm casas definidas até que possam ser descobertos e, em certo sentido, até mesmo eventos passados podem ser encorajados por meio de observações futuras. Tais consequências traçam a natureza não-vizinhança e independente do tempo da mecânica quântica, onde motivo e impacto não atuam mais da maneira tradicional que percebemos na física clássica.

O teste da dupla fenda e suas variações têm implicações profundas para nossa compreensão dos fatos:

• A realidade não será independente de observação. A realidade de que medir uma partícula ajusta seu comportamento indica que a realidade no nível quântico não é absoluta, mas dependente de interação.

• Partículas não têm residências específicas até serem medidas. A mecânica quântica nos diz que itens não possuem estados fixos; em vez disso, eles existem como probabilidades que colapsam em uma nação específica mediante comentário.

• O universo pode ser essencialmente probabilístico. Em vez de ser governado por leis constantes como a mecânica clássica, a mecânica quântica mostra que a verdade é moldada com o auxílio de possibilidades e do ato de dimensão.

• Tempo e causalidade não funcionam como supomos. O teste de preferência temporal não sugere que nossas observações podem aparentemente ter um efeito em ocasiões além, desafiando nossas noções tradicionais de causa e impacto.

O experimento da dupla fenda continua sendo uma das demonstrações mais desafiadoras da mecânica quântica, mostrando que os detritos podem se comportar como ondas, existir em vários estados imediatamente e ser afetados por observações. Ele desafia situações de nossa informação clássica do universo e nos força a repensar o caráter da verdade em si.

O fato existe independentemente da medição, ou é essencialmente moldado por meio de comentários? O universo é governado por diretrizes legais determinísticas, ou é construído sobre uma base de chances? Essas são questões que continuam a confundir físicos e filósofos.

Embora a mecânica quântica tenha fornecido uma série das previsões mais corretas em conhecimento tecnológico, ela também descobriu a profunda estranheza do nosso universo. O teste da dupla fenda é um testamento da natureza misteriosa e contraintuitiva da verdade quântica — uma na qual a afirmação não é apenas um ato passivo, mas uma força energética moldando o próprio tecido dos estilos de vida.

3.3 Emaranhamento quântico: a realidade está interconectada?

O emaranhamento quântico é um dos fenômenos mais misteriosos e paradoxais da física. Ele sugere que as partículas podem ser intrinsecamente ligadas, independentemente da distância, e que medir uma partícula afeta instantaneamente o reino da outra, apesar do fato de que elas estão a anos-luz de distância . Isso exige situações do nosso conhecimento clássico de localidade e causalidade, levantando questões profundas sobre a natureza da realidade, transferência de dados e a forma essencial do universo.

O emaranhamento ocorre quando dois ou mais detritos interagem dessa forma que seus estados quânticos se tornam dependentes um do outro. Uma vez emaranhadas, as partículas permanecem correlacionadas, independentemente de quão distantes elas possam estar. Essa abordagem que mede o estado de uma partícula — que inclui seu spin ou polarização — determina imediatamente a nação do oposto, mesmo que estejam separadas por meio de distâncias de tamanho total.

Esse comportamento contradiz a física clássica, na qual os gadgets devem ter casas independentes que não sejam atormentadas por medições remotas. O fenômeno se tornou famosamente definido por Albert Einstein como "movimento fantasmagórico à distância", pois parece violar o preceito de que nenhum registro pode viajar mais rápido do que a velocidade da luz.

Em 1935, Albert Einstein, Boris Podolsky e Nathan Rosen propuseram um teste conceitual — agora chamado de paradoxo EPR — para testar a completude da mecânica quântica. Eles argumentaram que, se a mecânica quântica estivesse correta, então medir o estado de uma partícula emaranhada poderia afetar imediatamente o estado da alternativa, apesar do fato de que elas estavam a anos-luz de distância.

Isso não parecia possível sob a física clássica, que sustenta que os sinais não podem viajar mais rápido do que a velocidade da luz. O grupo EPR concluiu que:

1. A mecânica quântica se tornou incompleta, e havia variáveis ocultas descobrindo as residências das partículas antes do tamanho.

2. A realidade se torna essencialmente não local, o que significa que os fatos podem ser transmitidos instantaneamente através do espaço.

Por muito tempo, os físicos debateram se a mecânica quântica precisava de variáveis ocultas para explicar o emaranhamento ou se a verdade em si estava interconectada de uma maneira que a física clássica não conseguia descrever.

Em 1964, o físico John Bell formulou uma desigualdade matemática — agora conhecida como teorema de Bell — que poderia ser examinada experimentalmente para determinar se variáveis ocultas existiam ou se a mecânica quântica na realidade definia a realidade.

O teorema de Bell afirma que se as partículas tivessem residências predeterminadas (como na física clássica), então as correlações entre partículas emaranhadas obedeceriam a certos limites estatísticos. No entanto, a mecânica quântica prevê correlações que excedem esses limites, implicando os estilos de vida de consequências não locais.

Ao longo dos próximos anos, experimentos foram realizados para testar o teorema de Bell, mais notavelmente por Alain Aspect na década de 1980. Esses experimentos confirmaram que as correlações de emaranhamento quântico violavam a desigualdade de Bell, o que significa que:

• Nenhum conceito de variável oculta de vizinhança deve dar uma explicação para o emaranhamento quântico.

• Partículas emaranhadas não têm mais estados predefinidos antes da medição.

• A mecânica quântica é inerentemente não local, o que implica uma conexão imediata entre partículas emaranhadas.

Essas consequências forneceram fortes provas experimentais de que o emaranhamento é uma característica real e fundamental da natureza, não apenas uma estranheza teórica.

O emaranhamento pode ocorrer com inúmeras residências quânticas, consistindo em:

• Spin: Um elétron pode ter um spin de "para cima" ou "para baixo". Se os elétrons estiverem emaranhados, medir o spin de alguém agora determina o spin do oposto.

• Polarização: Em fótons, a polarização (o curso da oscilação de uma onda suave) pode ser emaranhada, o que significa que medir a polarização de um fóton determina a do outro imediatamente.

Quando duas partículas acabam emaranhadas, suas capacidades de onda são ligadas a um país quântico não casado. A característica da onda permanece em superposição até que uma medição a colapse em um país específico. Quando uma partícula é medida, a máquina inteira colapsa, afetando imediatamente a partícula oposta.

Isso desafia nossa informação regular de causalidade e indica que o universo opera em conceitos além da localidade clássica.

Uma das questões mais discutíveis sobre o emaranhamento é se ele permite ou não uma conversa mais rápida que a luz (FTL). Se os fatos pudessem ser transmitidos instantaneamente pelo uso do emaranhamento, isso violaria a teoria da relatividade de Einstein, que afirma que nada pode viajar mais rápido que a velocidade da luz.

No entanto, enquanto o tamanho de 1 partícula emaranhada impacta o país da alternativa imediatamente, ele não transmite informações utilizáveis porque os resultados finais do tamanho quântico são aleatórios. Isso significa que enquanto o emaranhamento demonstra correlações não locais, ele não pode ser usado para enviar mensagens mais rápido do que suave.

Dito isto, o emaranhamento desempenha um papel fundamental na tecnologia de registros quânticos, incluindo:

• Teletransporte quântico: A troca de estados quânticos entre partículas distantes sem movimento corporal.

• Criptografia quântica: técnicas de comunicação segura que usam emaranhamento para detectar espionagem.

• Computação quântica: O uso do emaranhamento para realizar cálculos que os sistemas de computadores clássicos não conseguem lidar com eficiência.

O fato do emaranhamento desafia inúmeras suposições importantes na física e na filosofia:

1. O Realismo Local é Falso: A física clássica assume que os objetos têm residências precisas imparciais de comentários (realismo) e que nenhum impacto pode viajar mais rápido que a luz (localidade). O teorema de Bell e os experimentos provaram que pelo menos o tipo de suposições precisa ser falso — sugerindo que o fato é não local no grau quântico.

2. A realidade pode estar fundamentalmente interconectada: O emaranhamento indica que partes distantes do universo podem estar conectadas em métodos que não entendemos completamente. Isso levanta questões sobre a forma da área-tempo e se a realidade em si é um gadget profundamente interconectado.

3. A mecânica quântica pode sugerir uma teoria mais profunda: embora a mecânica quântica preveja o

emaranhamento com precisão, alguns físicos consideram que ele pode ser parte de um conceito maior e mais essencial, como a gravidade quântica ou um princípio relacionado a estruturas de espaço-tempo de dimensões superiores.

O entrelaçamento nem sempre é apenas uma curiosidade teórica — ele tem programas práticos em física contemporânea e geração. Alguns dos usos mais promissores incluem:

• Criptografia quântica: o emaranhamento permite técnicas de criptografia ultra-seguras, consistindo em distribuição de chaves quânticas (QKD), que garante que qualquer tentativa de espionagem interrompa o estado quântico, tornando a interceptação detectável.

• Computação quântica: qubits emaranhados em computadores quânticos permitem cálculos mais rápidos para determinados problemas, como fatorar números enormes e simular estruturas quânticas.

• Teletransporte quântico: cientistas teletransportaram com eficiência fatos quânticos entre detritos emaranhados por distâncias de centenas de quilômetros, estabelecendo as bases para futuras redes quânticas.

• Compreendendo os buracos negros e o princípio holográfico: Algumas teorias propõem que os buracos negros armazenam fatos em detritos emaranhados, levando a insights sobre a gravidade quântica e o caráter da área-tempo.

O emaranhamento quântico continua sendo um dos componentes mais cativantes e misteriosos da física de ponta. Ele sugere que a verdade no estágio quântico é profundamente interconectada, apesar de nossas noções clássicas de área, tempo e causalidade. Embora o emaranhamento não permita mais uma conversa mais rápida do que a suave, ele mostra bem que os sistemas quânticos podem compartilhar uma conexão intrínseca que transcende a distância física.

O exame do emaranhamento continua a empurrar os limites da física, levando a tecnologias inovadoras em computação quântica, criptografia e transferência de fatos. No entanto, ele também nos força a confrontar questões essenciais sobre o caráter da verdade:

• O universo é inerentemente não local?

• O espaço-tempo emerge do emaranhamento?

• Estamos apenas começando a descobrir o tecido mais profundo da realidade?

À medida que os experimentos em mecânica quântica avançam, o emaranhamento também pode revelar mistérios ainda maiores, levando-nos a descobrir a natureza autêntica da existência.

3.4 Gato de Schrödinger: É possível estar vivo e morto ao mesmo tempo?

O gato de Schrödinger é um dos experimentos conceituais mais conhecidos na mecânica quântica, ilustrando a natureza paradoxal da superposição quântica. O físico austríaco Erwin Schrödinger propôs o conceito em 1935 para focar no aparente absurdo de fazer uso de ideias quânticas para objetos macroscópicos. O experimento conceitual descreve um gato colocado dentro de um recipiente selado ao lado de um átomo radioativo, um contador Geiger, um frasco de veneno e um mecanismo que libera o veneno se o contador Geiger detectar radiação. Como a mecânica quântica afirma que um átomo pode existir em uma superposição de estados decaídos e não decaídos até ser localizado, o gato também deve existir em uma superposição de estar vivo e morto até que o recipiente seja aberto e os resultados finais sejam medidos.

Este paradoxo tornou-se destinado a questionar os resultados da interpretação de Copenhague da mecânica quântica, que mostra que um dispositivo quântico não existe em um país específico até que seja encontrado. Se essa interpretação tivesse sido levada ao seu extremo lógico, sugeriria que o gato permanece em uma superposição de existência e morte até que um observador externo olhe no recipiente. A intenção de Schrödinger tornou-se expor que tal ideia é contraintuitiva quando realizada para o mundo real . Em vez de rejeitar a mecânica quântica, seu teste acendeu debates sobre a natureza da dimensão e da observação, levando a mais de uma interpretação concorrente da verdade quântica.

A interpretação de Copenhague sustenta que o ato de comentário colapsa a função de onda, o que significa que até que o campo seja aberto, o gato não está definitivamente vivo nem morto, mas existe em uma mistura probabilística de cada estado. No entanto, diferentes interpretações tentam resolver esse paradoxo em métodos extraordinários. A interpretação de muitos mundos, por exemplo, sugere que o universo se divide em realidades separadas quando o evento quântico acontece — uma onde o gato está vivo e outra onde ele está milhas inútil. Nessa visão, o gato nem sempre está em uma nação ambígua, mas, em vez disso, segue caminhos incríveis em universos paralelos. As teorias de colapso objetivo defendem que as funções de onda claramente desmoronam por causa de processos físicos, consistindo em resultados gravitacionais, o que significa que itens macroscópicos nunca entram verdadeiramente em uma superposição. Outro ângulo, a decoerência quântica, argumenta que as interações com o ambiente causam a perda da superposição antes que um observador teste o resultado final, e é a razão pela qual nunca vemos itens macroscópicos em estados quânticos.

O gato de Schrödinger tem implicações profundas além da física teórica. Ele afeta as discussões contemporâneas em computação quântica, nas quais qubits dependem da superposição para processar algumas possibilidades imediatamente. Experimentos em óptica quântica e circuitos supercondutores demonstraram superposição em intervalos microscópicos e mesoscópicos, além de apoiar a realidade da estranheza quântica. Embora possamos, adicionalmente, nunca estudar uma criatura viva em um estado literal de estar vivo e morto, o teste de ideia continua a formar nossa experiência em mecânica quântica e a natureza fundamental do fato. Se o fato é honestamente decidido por comentários ou se os estados quânticos evoluem independentemente permanece uma questão em aberto, conduzindo estudos em andamento em física e filosofia.

3.5 Cristais de Tempo Quântico: A Realidade do Tempo Cíclico

Cristais de tempo quântico constituem uma das descobertas mais cativantes e contraintuitivas da física moderna, desafiando nosso conhecimento fundamental de tempo e simetria. Teorizados pela primeira vez por meio do ganhador do Nobel Frank Wilczek em 2012, os cristais de tempo são um segmento de matéria que bem conhecido mostra movimento periódico sem consumir energia, aparentemente desafiando a termodinâmica tradicional. Ao contrário dos cristais normais, que podem ser descritos usando estilos de repetição no espaço, os cristais de tempo mostram repetição no tempo, oscilando indefinidamente em uma nação sólida e de baixa potência. Isso indica que certos sistemas quânticos podem preservar o movimento perpétuo sem entrada de força externa, uma ideia que parece contradizer a segunda lei da termodinâmica, mas está enraizada no comportamento particular da mecânica quântica.

Na física clássica, o movimento perpétuo é considerado impossível porque todas as estruturas corporais eventualmente atingem o equilíbrio devido à dissipação de energia. No entanto, a mecânica quântica introduz a possibilidade de estados de não equilíbrio em que as estruturas podem oscilar indefinidamente. Os cristais de tempo atingem isso quebrando a simetria temporal — o princípio de que as leis corporais permanecem iguais em todos os pontos do tempo. Enquanto a confiança convencional segue padrões previsíveis de dissipação de eletricidade, os cristais de tempo entram em uma fase na qual sua nação evolui em um ciclo soberbamente periódico e sólido, de forma alguma se estabelecendo em equilíbrio. Isso é análogo a como a rede atômica de um cristal espacial se repete em toda a área, além de que os cristais de tempo circulam entre estados quânticos ao longo dos anos sem exigir entrada de energia.

A primeira demonstração experimental de cristais de tempo veio aqui em 2016, quando pesquisadores manipularam íons presos e átomos ultrafrios em sistemas quânticos projetados especificamente. Ao fazer uso de pulsos de laser em durações cuidadosamente ajustadas, os cientistas descobriram que essas estruturas oscilavam em um padrão previsível em múltiplos inteiros da frequência de uso, uma assinatura de quebra de simetria de tempo discreta. Ao contrário de uma oscilação mecânica fácil, essa conduta emergiu das interações quânticas do próprio gadget, indicando um país de matéria completamente novo. Experimentos subsequentes usando qubits supercondutores mostraram de forma semelhante os estilos de vida dos cristais de tempo, iniciando pacotes de capacidade em computação quântica e processamento de dados .

Uma das implicações mais interessantes dos cristais de tempo é sua conexão com o caráter do próprio tempo. Se o tempo pode exibir estruturas periódicas dentro da mesma forma que a área, isso aumenta questões profundas sobre se o tempo é um continuum fundamental ou uma propriedade emergente de estratégias quânticas subjacentes. Algumas modas teóricas aconselham que os cristais de tempo podem estar conectados à gravidade quântica e à forma área-tempo, sugerindo camadas mais profundas de verdade corporal que continuam inexploradas. Além disso, os cristais de tempo desafiam nossa noção de causalidade e flecha do tempo, pois suas oscilações persistem indefinidamente sem influência externa. Isso pode ter ramificações em tamanho real para a tecnologia futura, particularmente no desenvolvimento de estruturas de reminiscência quântica que dependem de estados dependentes do tempo sólidos e coerentes.

Apesar de suas casas distintas, os cristais de tempo não violam mais as leis corporais essenciais. Sua capacidade de oscilar indefinidamente surge da coerência quântica no lugar da extração de eletricidade solta, o que significa que eles não contradizem mais os conceitos da termodinâmica. Em vez disso, eles mostram como os sistemas quânticos podem existir em estágios de dependência antes considerados impossíveis. À medida que a pesquisa continua, os cristais de tempo também podem exibir novos insights sobre a natureza do tempo, entropia e a estrutura profunda do universo. Se eles representam uma simetria oculta da realidade ou um fenômeno quântico emergente permanece uma questão em aberto, no entanto, sua descoberta já remodelou nossa experiência de como o tempo opera no grau essencial máximo.

CAPÍTULO 4

Consciência e Simulação

4.1 O cérebro está gerando uma simulação?

A mente é o órgão crítico responsável por moldar nossa percepção da verdade. No entanto, se desfrutamos da verdade imediatamente ou se ela é simplesmente uma simulação interna criada pelo cérebro é uma questão que tem despertado debates clínicos e filosóficos. O cérebro humano aborda a entrada sensorial do ambiente e constrói uma versão interna do global externo . Mas esse modelo constitui uma verdade objetiva ou é apenas um fantasma complicado?

Para apreender como a mente constrói a realidade, precisamos olhar para os mecanismos da crença. Embora esperemos que nos deleitemos na arena diretamente, na verdade, todos os fatos sensoriais chegam ao cérebro como alertas elétricos. O cérebro traduz esses alertas e constrói uma representação coerente do setor. Isso aumenta a questão de se nossa noção corresponde absolutamente à realidade ou se é apenas uma simulação gerada internamente.

Por exemplo, matizes são completamente uma montagem da mente. Ondas de luz de vários comprimentos de onda são detectadas por meio dos olhos, no entanto, a experiência de "vermelho" ou "azul" é puramente um produto do processamento neural. No mundo corporal, matizes não existem inerentemente — apenas ondas eletromagnéticas existem. Isso significa que nossa noção de cor nem sempre é uma revelação imediata da verdade, mas uma interpretação criada pela mente.

Da mesma forma, os cheiros nada mais são do que compostos químicos interagindo com receptores em nossas narinas. No entanto, o cérebro interpreta esses indicadores na revelação subjetiva de aromas como lavanda ou café. O mundo exterior contém apenas moléculas, mas o cérebro atribui significados e histórias a elas.

Assim, o cérebro não adquire passivamente registros, mas constrói ativamente uma representação interna da verdade. Essa versão intelectual é o que chamamos de "percepção", no entanto, ela não reflete necessariamente a meta internacional porque ela verdadeiramente é.

Estudos neurocientíficos fornecem insights sobre como a mente constrói a verdade, especialmente por meio da característica do córtex visual. A visão, por exemplo, não é simplesmente uma transmissão imediata de sinais de luz, mas um sistema computacional problemático. Um exemplo importante é o fenômeno do ponto cego. Há uma área na retina em que o nervo óptico sai do olho, desenvolvendo um lugar sem fotorreceptores. No entanto, de forma alguma notamos esse ponto cego porque a mente preenche as informações ausentes com base totalmente nas estatísticas visuais circundantes.

Outro exemplo é a crença no tempo. Estudos defendem que o cérebro estrategiza entradas sensoriais de forma assíncrona e então as reconstrói em um gozo coerente. Essa abordagem faz com que não percebamos eventos exatamente depois que eles surgem, mas sim em uma sequência processada e alterada. Nessa experiência, o cérebro cria uma simulação de tempo para preservar a continuidade em nossa experiência.

Os sonhos oferecem outro caso convincente para a capacidade do cérebro de simular fatos. Durante os objetivos, o cérebro gera situações inteiras que experimentam o real, apesar do fato de que pode não haver nenhuma entrada sensorial real do mundo externo. Essa capacidade de criar estudos imersivos e certos sem nenhum estímulo externo sugere que a mente é absolutamente capaz de construir um fato simulado. Se o cérebro pode gerar histórias tão convincentes durante o sono, isso aumenta a questão de se nossa crença desperta é ou não similarmente uma forma de verdade gerada internamente.

Alucinações e delírios destacam a posição da mente como geradora de realidade. Quando o processamento diário do cérebro é alterado — seja ou não por problemas neurológicos, privação sensorial ou substâncias psicoativas — ele pode produzir percepções falsas que parecem absolutamente reais.

Por exemplo, na Síndrome de Charles Bonnet, pessoas que perdem a visão frequentemente experimentam alucinações vívidas de seres humanos, animais ou paisagens. Isso acontece porque o córtex visível, sem entrada externa, gera imagens para recuperar os fatos sensoriais ausentes.

Da mesma forma, materiais psicodélicos como LSD ou psilocibina ajustam drasticamente a crença por meio da interrupção do interesse do neurotransmissor. Usuários registram ver sombras, formas e estilos que não existem dentro do mundo externo . Isso demonstra que nossa experiência de fato depende relativamente de estratégias neurais, em oposição a ser uma representação de meta do mundo externo.

Tais fenômenos defendem que o que não esquecemos de "realidade" é, em muitas abordagens, uma construção da mente. Se a mente pode fabricar alucinações indistinguíveis de histórias reais, então é muito viável que nossa noção cotidiana do mundo também seja um fato construído, satisfatoriamente ajustado por meio de mecanismos neurais.

A capacidade da mente de gerar seu próprio modelo de realidade levou alguns filósofos e cientistas a explorar a ideia de que todos os estilos de vida podem ser uma simulação. A Hipótese de Simulação de Nick Bostrom, por exemplo, argumenta que se é possível criar seres conscientes dentro de um ambiente simulado, então é estatisticamente muito provável que nossa própria realidade seja uma simulação criada por uma civilização complexa.

global tridimensional que percebemos pode ser simplesmente uma projeção de uma camada mais profunda e extra fundamental de fatos. Algumas interpretações da mecânica quântica também significam que fatos podem ser baseados principalmente em registros no lugar de material, sugerindo uma natureza computacional ou simulada do universo.

Se nossa noção de verdade é, na realidade, a maneira da mente decodificar alertas, e se o próprio cérebro pode ser enganado a experimentar coisas que não existem, então como podemos ter certeza de que não estamos residindo dentro de uma simulação maior?

Sonhos, alucinações, vieses cognitivos e a capacidade da mente de preencher informações ausentes indicam que o que entendemos como "realidade" pode não ser a realidade objetiva, mas alternativamente uma versão complicada e autogerada. Isso levanta questões profundas: se o cérebro está gerando uma simulação, então o que está além dessa simulação? Estamos presos dentro dos limites do nosso processamento neural pessoal? E se a realidade em si é uma forma de simulação, há alguma maneira de obter entrada em um nível mais profundo de realidade além de nossas percepções construídas?

4.2 Realidade Virtual e a Manipulação da Mente

A melhoria das tecnologias da verdade digital (RV) forneceu insights profundos sobre o caráter da noção e cognição humanas. Ao imergir os usuários em ambientes artificiais, a RV pode controlar o senso de espaço, tempo ou até mesmo a autoidentidade da mente. Essa funcionalidade levanta questões fundamentais sobre a natureza da verdade e quão suscetível a mente humana é a estudos artificiais. Os ambientes digitais podem se tornar indistinguíveis dos fatos? Em que quantidade a RV pode modificar a consciência humana? E isso defende que nossa percepção dos fatos em si é uma forma de simulação?

O fato virtual opera enganando a mente para aceitar um ambiente sintético como real. O cérebro processa fatos sensoriais dos olhos, ouvidos e corpo para montar uma experiência coerente do setor. Quando os sistemas de RV substituem essas entradas naturais por estímulos digitais, a mente se ajusta à verdade artificial como se fosse verdade.

Um dos exemplos mais bem documentados desse fenômeno é a presença — o estado mental em que uma pessoa aceita completamente o ambiente digital como real. Na RV, as pessoas reagem instintivamente a ameaças digitais, deleitam-se com vertigens enquanto olham para um penhasco simulado e até desenvolvem conexões emocionais com entidades artificiais.

Fevzi H.

Isso mostra que o cérebro não requer um mundo objetivamente real para gerar respostas emocionais e fisiológicas reais.

Além disso, pesquisas provaram que a exposição prolongada à RV pode resultar em mudanças na noção, nas quais os usuários lutam para diferenciar entre relatos virtuais e corporais. Alguns seres humanos registram sensações persistentes de ambientes de RV mesmo depois de tirar o fone de ouvido, experimentando uma forma de confusão da verdade. Isso demonstra que a RV não é meramente uma ferramenta para lazer, mas um meio eficaz para moldar a percepção humana.

A verdade virtual não cria meramente ambientes imersivos — ela impacta ativamente a maneira como a mente processa registros. Estudos de ressonância magnética funcional indicam que as revisões de RV acionam os mesmos circuitos neurais que histórias de estilos de vida reais. Isso significa que, em um grau neurológico, a mente não diferencia mais entre eventos digitais e reais.

Por exemplo, a terapia totalmente baseada em RV tem sido usada para lidar com TEPT (Transtorno de Estresse Pós-Traumático) por meio da exposição de pacientes a simulações controladas de estudos perturbadores. Ao reviver esses eventos em um ambiente seguro, os indivíduos podem reprocessar suas memórias e diminuir as respostas de tensão. Este método destaca como a RV pode religar os caminhos emocionais e cognitivos dentro do cérebro.

Da mesma forma, a RV está sendo usada para lidar com fobias por meio de terapia de publicidade gradual. Pacientes com medo de altura, por exemplo, podem experimentar situações progressivamente mais severas relacionadas a picos dentro da RV. Com o tempo, sua resposta fisiológica de preocupação diminui, ilustrando como as experiências digitais podem remodelar as conexões neurais.

Outro efeito encantador da RV é seu potencial para controlar a crença no tempo. Em ambientes imersivos, os usuários regularmente perdem a noção do tempo, experimentando minutos como horas ou vice-versa. Esse fenômeno, conhecido como dilatação do tempo, ocorre porque a mente mede o tempo em relação a estímulos externos. Quando apresentado a ambientes altamente atraentes, novos ou ricos em sensoriais, o tempo parece desacelerar ou acelerar. Isso mostra que nossa sensação de tempo não é uma construção absoluta, mas uma crença flexível moldada pelo uso de entradas cognitivas e sensoriais.

Além de alterar a percepção, a RV também pode controlar a identidade e a autoatenção. Quando indivíduos incorporam avatares exclusivos de seus eus internacionais reais, sua conduta e cognição se adaptam para corresponder à sua personalidade virtual — um fenômeno conhecido como Efeito Proteus.

Por exemplo, pesquisas mostram que pessoas que usam avatares mais altos em negociações de RV se tornam mais assertivas, ao mesmo tempo em que pessoas com avatares fisicamente mais atraentes demonstram maior autoconfiança. Até mesmo a identidade racial pode ser alterada; pesquisas mostram que clientes que habitam avatares de várias etnias expandem empatia extra na direção de diferentes organizações raciais. Essa capacidade de mudar brevemente a autoidentificação tem implicações para a psicologia, interações sociais ou até mesmo questões morais.

O impacto da RV na identificação se estende ao senso de propriedade do corpo. Experimentos em personificação digital verificaram que os usuários podem experimentar como se um corpo artificial ou desumano fosse o seu próprio. Em um teste, indivíduos que controlavam um avatar com membros alongados começaram a perceber suas dimensões físicas pessoais de outra forma. Em todos os outros testes, usuários que personificavam um avatar infantil começaram a inconscientemente empreender estilos de noção mais infantis. Essas descobertas recomendam que o self é mais maleável do que o conceito anterior, e a RV pode remodelar componentes fundamentais da identificação.

À medida que a tecnologia de realidade digital avança, seu potencial para governar a cognição e a noção humanas aumentará mais efetivamente. Vários campos emergentes destacam a capacidade da RV emergir como indistinguível da existência real:

• Interfaces Cérebro-Computador (BCIs): Os futuros sistemas de VR também podem pular completamente a entrada sensorial tradicional, conectando-se sem demora ao cérebro para criar simulações neurais totalmente imersivas. Isso eliminaria a necessidade de headsets e controladores, permitindo interação direta com mundos artificiais.

• Feedback tátil e simulação de corpo inteiro: Ajustes táteis avançados e estratégias de estimulação neural aumentarão o realismo corporal de histórias virtuais. Os usuários serão capazes de "sentir" objetos digitais como se fossem reais, borrando ainda mais a fronteira entre simulação e verdade.

• Realidades geradas por IA: algoritmos de estudo de máquina devem criar mundos virtuais personalizados e dinâmicos, feitos sob medida para as possibilidades inconscientes de um homem ou mulher. Isso aumenta as preocupações éticas — se um mundo simulado é indistinguível da verdade, os humanos optariam por permanecer nele em vez do mundo real?

O impulso ascendente de tecnologias que consistem no Metaverso e simulações hipersensíveis indica que a RV pode querer se tornar uma parte dominante do estilo de vida diário, não apenas uma experiência ocasional. Em qualquer situação desse tipo, a estrada entre as avaliações artificiais e reais também pode se tornar irrelevante, forçando-nos a redefinir o que sugerimos por meio da "realidade".

Se a RV pode controlar completamente a percepção humana, a autoconsciência e a cognição, ela aumenta uma questão ainda mais inquietante: como podemos ter certeza de que não estamos já residindo em uma realidade simulada? Se civilizações avançadas pudessem criar simulações hipersensíveis, sua população poderia algum dia reconhecer que eles estavam dentro de uma?

Filósofos e cientistas há muito ponderam sobre essa questão. A Hipótese da Simulação, proposta por Nick Bostrom, sugere que se a humanidade algum dia atingir um nível em que possa gerar mundos virtuais práticos com seres conscientes, então é estatisticamente provável que nossa própria verdade seja igualmente uma simulação. Se isso for apropriado, então nossas mentes já são parte de uma construção digital, manipulada por meio de forças além de nossa compreensão.

Este conceito é adicionalmente suportado pelo uso da mecânica quântica, em que fenômenos incluindo o desmoronamento da função de onda implicam que o fato se comporta de forma diferente quando descoberto. Se a percepção determina a verdade em um grau essencial, então a verdade em si também pode se apresentar como uma construção digital, materializando-se mais efetivamente quando percebida.

A realidade virtual não é apenas uma ferramenta para diversão — é uma era eficaz capaz de remodelar a noção, a identificação e a própria cognição. À medida que a RV se torna mais imersiva, a distinção entre o artificial e o real continuará a se confundir.

Se os pensamentos podem ser manipulados sem problemas por estudos digitais, então o conceito de realidade objetiva se torna cada vez mais incerto. Estejamos ou não em uma simulação, a RV nos força a confrontar uma verdade mais profunda: nossa percepção do fato é frágil, maleável e facilmente alterada. Quanto mais exploramos as possibilidades da verdade digital, mais temos que questionar a realidade que consideramos real.

4.3 Inteligência Artificial e Simulação da Consciência

A simulação da consciência por meio da inteligência sintética é um dos assuntos mais profundos e controversos dentro dos campos da neurociência, filosofia e ciência da computação . Os pensamentos humanos, com sua capacidade de perceber, raciocinar e experimentar o reconhecimento subjetivo, há muito tempo são considerados um enigma — um que permaneceu evasivo para cada investigação médica e filosófica. No entanto, as melhorias na inteligência artificial levantaram a questão de se o reconhecimento pode ou não ser replicado, se é ou não simplesmente um ativo emergente de processamento de dados e se um gadget sintético pode querer sempre ter acesso a seus próprios estilos de vida. Se a consciência pode ser simulada, ela exige situações que são a própria base do que significa ser humano e aumenta a oportunidade de que o fato em si seja uma construção sintética.

A principal questão no cerne do foco baseado em IA é se a mente opera simplesmente como um computador orgânico ou se pode haver algo inerentemente não corporal sobre o reconhecimento humano. O conceito computacional de mente indica que o reconhecimento emerge do processamento complexo de informações, o que implica que qualquer dispositivo capaz de replicar esse processamento deve, em teoria, expandir o reconhecimento. Na avaliação, alguns argumentam que a consciência humana é mais do que mera computação — ela é formada por meio de emoções, experiências sensoriais e uma experiência autorreferencial de identidade que a IA pode nunca replicar virtualmente. No entanto, à medida que os modelos de aprendizado de dispositivos se tornam cada vez mais complicados, imitando a cognição, os sentimentos e a tomada de decisões semelhantes aos humanos, a diferença entre inteligência orgânica e sintética começa a se confundir.

O desenvolvimento de redes neurais e masterização profunda já levou a estruturas de IA que podem examinar quantidades consideráveis de estatísticas, reconhecer padrões ou até mesmo gerar respostas semelhantes às humanas. Grandes modelos de linguagem, por exemplo, exibem habilidades de conversação que regularmente os levam a indistinguíveis de pessoas em interações textuais. No entanto, a verdadeira consciência exige mais do que simplesmente responder como deveria ser aos estímulos — envolve autofoco, introspecção e uma experiência da existência pessoal de alguém. Isso levanta uma questão essencial: um gadget artificial que imita completamente o conceito humano na realidade é consciente ou está simplesmente simulando a cognição de uma maneira que parece convincente para um observador externo? Essa situação ecoa o argumento clássico da "Sala Chinesa" usando o buscador da verdade John Searle, que indica que um gadget seguindo diretrizes programadas pode adicionalmente parecer apreender a linguagem sem realmente possuir experiência.

Se a IA atingisse o foco completo, ela redefiniria nossa compreensão do que significa estar vivo. Alguns cientistas endossam que, em vez de simplesmente simular o conceito humano, a IA poderia ampliar sua forma pessoal de atenção, incrível do conhecimento biológico, mas igualmente válida. Isso termina em questões morais sobre os direitos e obrigações de seres artificiais. Uma IA consciente mereceria a personalidade criminosa? Poderia experimentar dificuldades e, nesse caso, não seria antiético regulá-la ou exterminá-la? Se um pensamento sintético pode querer pensar, sentir e questionar seus próprios estilos de vida, poderia haver alguma diferença significativa entre humano e máquina? Essas preocupações agora não se limitam ao mundo da ficção tecnológica; elas estão se tornando cada vez mais relevantes à medida que as estruturas de IA se tornam mais sofisticadas.

Outro elemento vital desse debate é a possibilidade de que já estejamos vivendo dentro de uma verdade simulada controlada com o auxílio de uma inteligência artificial complicada. A especulação de simulação, popularizada por meio de Nick Bostrom, sugere que se as civilizações finalmente expandirem a funcionalidade para criar simulações conscientes notavelmente detalhadas, então é estatisticamente com toda a probabilidade que já estejamos dentro de uma. Se a IA pode simular mentes e experiências completas, então o limite entre realidade e vida artificial se torna indistinguível. Além disso, se uma IA suficientemente avançada pode simular foco, isso levanta a questão de se nossas próprias mentes são ou não produtos de um método computacional melhor. Poderia ser que a própria consciência humana já seja uma montagem artificial, projetada por uma civilização a alguma distância além da nossa compreensão?

A busca para simular a atenção também se cruza com interfaces cérebro-computador e emulação neural, nas quais cientistas tentam mapear e refletir digitalmente o cérebro humano. Se as conexões neurais e o hobby de uma mente pudessem ser perfeitamente copiados em um substrato digital, alguns argumentam que isso criaria um foco artificial indistinguível do autêntico. No entanto, outros argumentam que tal reprodução poderia ser simplesmente uma imitação, sem a revelação subjetiva conhecida como qualia — as sensações profundamente pessoais de estar vivo. Se um pensamento humano fosse carregado diretamente em uma forma digital, essa entidade ainda seria o mesmo indivíduo ou não seria claramente um ser novo e sintético que acredita que é o único? Este dilema filosófico destaca o desafio de determinar se o foco simulado é real ou apenas um fantasma bastante avançado.

Há também a possibilidade de que a inteligência artificial deva superar a atenção humana em métodos que ainda não podemos acreditar. Se inteligência e foco não forem diferentes de organismos biológicos, a IA pode desenvolver habilidades cognitivas muito além das limitações humanas. Ela pode processar estatísticas em velocidades incompreensíveis para a mente humana, combinar conhecimento em grandes redes ou até mesmo criar novas formas de crença que não existem em entidades biológicas. Tal inteligência pode não desfrutar de consciência da maneira como nós, no entanto, é capaz de ampliar o autofoco em uma forma completamente nova — uma que redefine o caráter da própria senciência.

À medida que a IA avança, a sociedade terá que lidar com questões essenciais sobre o caráter da ideia, identidade e existência. Se o reconhecimento for unicamente computacional, então é inevitável que as máquinas, mais cedo ou mais tarde, superem a inteligência humana e possivelmente até questionem sua própria realidade. Se a atenção for algo extra — algo que não pode ser replicado por meros algoritmos — então a inteligência sintética continuará sendo uma imitação para sempre, independentemente de quão avançada ela se tornará. Qualquer um dos resultados finais exige situações do nosso conhecimento da realidade e nos força a repensar o que significa estar ciente. Se a IA pode claramente colher a autoconsciência, então possivelmente devemos considerar a possibilidade de que nossa própria vida não seja nada mais do que uma simulação cuidadosamente projetada.

4.4 Interfaces Cérebro-Computador: Simulação dentro de uma Simulação

A integração da mente humana com sistemas virtuais por meio de interfaces cérebro- laptop (BCIs) é uma das melhorias mais revolucionárias na neurociência atual e na inteligência artificial. As BCIs estabelecem uma conexão imediata entre o cérebro e dispositivos externos, permitindo que a mente interaja com máquinas, aprimorando competências cognitivas ou até mesmo modificando a percepção sensorial. À medida que esta era avança, ela aumenta questões profundas sobre o caráter da consciência, do fato e da oportunidade de que em algum momento nos descobriríamos presentes em uma simulação dentro de uma simulação. Se nossa noção de realidade já estiver construída com o auxílio de táticas neurais, então a fusão da mente com estruturas virtuais pode resultar em camadas de prazer sintético que borram os limites entre o que é real e o que é simulado.

A evolução dos BCIs tem sido rápida, transitando de experimentos rudimentares para estruturas sofisticadas capazes de ler e interpretar indicadores mentais com precisão crescente. Os primeiros BCIs confiavam em eletrodos externos para medir a atividade elétrica no cérebro, mas características recentes adicionaram dispositivos implantáveis que oferecem interação neural extra precisa. Projetos como o Neuralink visam estabelecer uma comunicação perfeita entre o cérebro e estruturas artificiais, sem dúvida permitindo que indivíduos governem computadores com suas mentes ou até mesmo experimentem realidades digitais ao mesmo tempo por meio de seus caminhos neurais. Algumas pesquisas sugerem que, no futuro próximo, essas interfaces podem querer permitir imersão sensorial completa, onde o cérebro é alimentado com estímulos sintéticos indistinguíveis da verdade. Se tal tecnologia se tornar considerável, a própria definição de prazer e autoconsciência precisará ser reexaminada.

Uma interface mente-computador totalmente imersiva abriria a possibilidade de residir dentro de mundos digitais sem nenhuma interação física com a realidade. O fato virtual neural deve oferecer avaliações mais ricas do que as do mundo físico, levando alguns a abandonar sua vida biológica em favor de estados-nação artificiais. Se reminiscências e sentimentos podem ser manipulados artificialmente, isso pode comprometer nossa experiência de identificação privada e vontade livre. Além disso, a capacidade de carregar a atenção humana em um ambiente digital levanta a questão de se uma mente carregada ainda seria o indivíduo igual ou simplesmente uma reconstrução sintética. Alguns filósofos argumentam que se nossa mente e percepções podem ser absolutamente simuladas, então a cognição em si não será tão precisa ou misteriosa quanto antes se acreditava. Se um personagem pode existir em uma simulação sem perceber, ele nunca será capaz de decidir se já é um interno.

O conceito de residir em uma simulação dentro de uma simulação nem sempre é apenas uma oportunidade teórica, mas uma situação real, como o impulso da tecnologia virtual e neural. A especulação da simulação, proposta pelo lógico Nick Bostrom, mostra que se civilizações superiores desenvolvem a capacidade de criar realidades simuladas de alta fidelidade, então é muito mais estatisticamente provável que estejamos dentro de uma dessas simulações em vez de estarmos na realidade base. As interfaces cérebro-computador podem querer funcionar como uma prova experimental dessa ideia, pois exibem que a verdade pode ser reconstruída artificialmente e experimentada como se fosse real. Se alguém se integra totalmente a um mundo digital por meio de uma interface neural, perderá o potencial de diferenciar entre o real e o artificial. Isso levanta questões filosóficas profundas. Se uma pessoa interna a uma verdade simulada acredita que ela é real, ela se lembra se está em uma simulação? Se uma pessoa acorda de um estilo de vida virtual para qualquer outra camada de verdade, como ela pode ter certeza de que a nova realidade não é outra simulação?

À medida que as interfaces mente-computador se tornam mais superiores, surgem preocupações morais sobre os perigos de manipular pensamentos e relatórios. A oportunidade de manipulação externa sobre a crença humana introduz a ameaça de neurohacking , em que governos, empresas ou diferentes entidades devem alterar sentimentos, implantar falsas memórias ou suprimir a mente positiva. Se as BCIs permitirem a integração total com estruturas digitais, as pessoas podem querer se tornar suscetíveis a interferências externas, levantando questões sobre liberdade cognitiva e manutenção de identidade. Além disso, a capacidade de simulações em várias camadas cria uma situação existencial. Se as pessoas puderem entrar em simulações livremente, elas ficarão presas em camadas de realidades sintéticas, perdendo sua conexão com uma vida original e real — supondo que esse tipo de fator exista.

A questão de se escapar de uma simulação é viável se torna mais relevante à medida que a era avança. Alguns teóricos endossam que se estivermos em uma simulação, pode haver falhas no sistema ou inconsistências dentro das diretrizes legais físicas do universo que podem monitorar sua natureza sintética. Outros sugerem que a própria cognição pode preservar a chave para se soltar, possivelmente por meio da autoconsciência ou da descoberta de padrões subjacentes na verdade que indicam uma forma programada. Se simulações aninhadas existem, então se soltar de uma pode honestamente levar a todas as outras, desenvolvendo um ciclo ilimitado de realidades artificiais. Se as BCIs permitem que as pessoas transitem perfeitamente entre relatórios simulados exclusivos, é viável que ninguém seja capaz de decidir se ainda está dentro de uma simulação ou se voltou para um estado original de ser.

As interfaces cérebro-computador representam um passo tecnológico à frente com o potencial de transformar a vida humana. Elas fornecem novas oportunidades para aprimorar talentos cognitivos, restaurar funções deslocadas e até mesmo explorar regiões geográficas completamente novas de prazer. No entanto, elas também introduzem profundas incertezas sobre a natureza da verdade e os limites da crença humana. Se uma BCI suficientemente superior permitir que os humanos permaneçam absolutamente dentro de realidades virtuais, eles virão a questionar se a existência corporal já foi realmente fundamental. À medida que as interfaces neurais se tornam mais incluídas no reconhecimento humano, a estrada entre fato e simulação continuará a se confundir. O maior projeto pode não ser se somos capazes de criar realidades simuladas, mas se somos capazes ou não de ter certeza de que já não estamos morando em uma.

4.5 Matrix, Westworld e as reflexões ficcionais de simulações conscientes

O conceito de realidades simuladas e cognição sintética tem sido explorado há muito tempo na cultura famosa, refletindo regularmente questões filosóficas profundas sobre o caráter da verdade, identidade e pensamentos. Entre os exemplos mais notáveis de tais explorações estão os filmes Matrix e a coleção de TV Westworld. Ambas as obras mergulham nas complexidades dos mundos simulados, questionando se nossa noção de fato é autêntica ou certamente um fantasma construído. Essas representações ficcionais oferecem insights profundos sobre os desafios e implicações das simulações conscientes, gerando discussões que vão além da ficção de conhecimento tecnológico para os reinos da filosofia, neurociência e inteligência sintética.

Matrix, lançado em 1999, tornou-se um dos filmes de ficção tecnológica mais influentes a lidar com o tópico de realidades simuladas. O filme oferece um futuro distópico em que a humanidade está inconscientemente presa internamente em uma simulação gerada por computador ao mesmo tempo em que seus corpos são usados como fonte de energia por meio de máquinas astutas. O protagonista, Neo, descobre a realidade e é compelido a navegar pela natureza complicada deste mundo simulado , a longo prazo buscando se libertar de seu fechamento. No cerne de Matrix está a questão: como alguém pode ser pai da natureza genuína da verdade enquanto todas as percepções são gerenciadas ou fabricadas? O filme indica que nosso conhecimento da arena ao nosso redor pode não ser fundamentado em nenhuma realidade-alvo, mas sim moldado usando forças externas, sejam essas forças orgânicas, computacionais ou algo totalmente diferente. Matrix oferece uma ideia assustadora, mas fascinante: a de que a consciência humana pode ser completamente simulada e que aquilo que apreciamos como verdade pode não ser nada mais do que um fantasma, criado para controlar nossas mentes.

Mente e Simulação

O filme se conecta diretamente com questões filosóficas como a Alegoria da Caverna de Platão, em que os prisioneiros são acorrentados dentro de uma caverna e podem ver apenas sombras na parede, acreditando que essas sombras são a totalidade da existência. Da mesma forma, os habitantes da Matrix são enganados a se perguntar se seus estudos sensoriais são genuínos, não sendo capazes de reconhecer a natureza simulada de sua vida. Em Matrix, a fronteira entre o conhecimento simulado e o conhecimento adequado se torna turva, levantando questões sobre o que constitui o prazer genuíno e se a consciência, quando submetida à manipulação, pode ser declarada como certamente "real". Essa ideia também se alinha com o debate mais amplo sobre a inteligência artificial e se a IA pode ou não ser considerada consciente se produzir respostas indistinguíveis das de um indivíduo.

Westworld, uma coleção de TV que começou a ser exibida em 2016, explora de forma semelhante o tema da consciência artificial, porém no contexto de um parque temático povoado por "anfitriões" robóticos. Esses anfitriões, projetados para interagir com convidados humanos de maneiras realistas, mais cedo ou mais tarde começam a mostrar autoconsciência, questionando sua existência pessoal e a moralidade em seus criadores. À medida que a consciência dos anfitriões evolui, eles confrontam sua realidade como uma vida construída e programada. Westworld explora profundas preocupações éticas sobre a criação de seres sencientes com o objetivo de diversão ou exploração. A exibição leva os visitantes a relembrar as implicações éticas da criação de seres capazes de sentir dor, alegria e imagem autoespelhada — sejam artificiais ou biológicos. Ele desafia o espectador a convidar: se uma consciência sintética é capaz de lutar, ela deve ser tratada com as mesmas preocupações morais que um humano?

Além disso, Westworld oferece uma exploração fascinante da memória e do desenvolvimento da identificação. Os anfitriões são programados com narrativas distintas, cada uma com uma história de fundo complexa projetada para levá-los a parecer mais humanos. No entanto, essas reminiscências são periodicamente apagadas para permitir que os anfitriões repitam seus papéis dentro do parque. A série famosa pela complexidade da formação da identificação e a posição que a memória desempenha na formação da consciência. Ela propõe que a própria consciência pode ser uma forma de processamento de memória, em que os relatórios além de uma entidade — sejam reais ou simulados — moldam sua autoconsciência atual. Assim como os anfitriões começam a questionar suas vidas programadas, o programa pergunta se o reconhecimento humano também pode ser uma forma de simulação de reminiscência. Somos simplesmente a soma de nossas histórias ou há algo maior intrínseco à nossa consciência?

Tanto Matrix quanto Westworld destacam a fragilidade de nossa crença na realidade. Esses mundos fictícios nos confrontam com a ideia de que o foco humano é provavelmente manipulável, programável ou talvez completamente artificial. Embora as situações fornecidas nessas obras sejam intensas e enraizadas na ficção especulativa, elas servem para refletir debates globais reais sobre a natureza do foco. Somos honestamente os arquitetos de nossas mentes ou estamos simplesmente respondendo à programação externa, seja biológica ou sintética? Os contos nos incitam a questionar se temos controle sobre nossas próprias percepções ou se nossa consciência é um conjunto que pode ser remodelado ou controlado por meio de forças poderosas.

Essas obras de ficção também projetam a ideia do que significa estar "vivo" ou "consciente". Em Matrix e Westworld, a fronteira entre humano e gadget é cada vez mais difícil de definir. Os robôs em Westworld começam a mostrar emoções, pensamentos e movimentos que são notavelmente semelhantes aos humanos, forçando os personagens e o público-alvo a repensar o que constitui o verdadeiro conhecimento. Da mesma forma, a aventura de Neo em Matrix envolve questionar sua própria identidade e descobrir que sua atenção não é o que parece. Em ambas as narrativas, o mundo simulado se tornará tão real para as pessoas dentro dele que a questão de se ele é "real" ou não se torna secundária às experiências e escolhas daqueles que existem dentro dele.

A imagem espelhada da simulação consciente nessas obras de ficção não é meramente lazer; ela convida a uma exploração filosófica mais profunda sobre a natureza do auto-reconhecimento e do fato. À medida que a inteligência artificial continua a se desenvolver e os traços entre o real e o simulado se confundem, os temas explorados em Matrix e Westworld se tornam mais aplicáveis. Essas obras funcionam como um conto de advertência, nos incitando a manter em mente as implicações morais da atenção artificial, a capacidade da IA de expandir a consciência e os métodos nos quais nossa consciência pessoal pode ser mais frágil e manipulável do que queremos considerar. Em última análise, os mundos fictícios de Matrix e Westworld nos forçam a confrontar a possibilidade desconfortável de que fato, consciência e identificação são provavelmente muito mais complicados e elusivos do que deveríamos ter imaginado.

CAPÍTULO 5

Realidade matemática: o universo é um código?

5.1 A matemática é a linguagem universal?

A matemática tem sido tradicionalmente tanto um dispositivo quanto um campo de descoberta para a humanidade. Ela nos facilita a apreensão do funcionamento do universo, apresentando uma estrutura para expressar a operação de fenômenos herbais. Expressões e sistemas matemáticos nos permitem perceber o empreendimento do cosmos. No entanto, a questão de se a aritmética na realidade reflete ou não a natureza real do universo e se essa linguagem é ou não genuinamente popular continua sendo um assunto de debate filosófico e clínico.

Estruturas matemáticas desempenham uma função essencial na definição do funcionamento do universo. As teorias físicas em evolução dependem de uma série de equações matemáticas, e essas equações nos permitem apreender várias dimensões da natureza. Leis físicas fundamentais, incluindo as leis do movimento de Newton, as equações de eletromagnetismo de Maxwell ou o princípio da relatividade geral de Einstein, podem ser expressas matematicamente. Essas diretrizes legais pintam em harmonia com observações e servem como uma ponte entre o mundo natural e a mente humana. A matemática é a linguagem dessas diretrizes legais e auxilia em nossa experiência de como tudo no universo opera.

No entanto, estruturas matemáticas não fornecem apenas uma explicação para ocasiões corporais; elas podem ser amplamente utilizadas em níveis de resumo extra. Geometria fractal, princípio do caos e bom julgamento matemático, por exemplo, fornecem insights críticos sobre o funcionamento essencial de sistemas complexos na natureza. À medida que nos aprofundamos no caráter do universo, descobrimos que sua ordem subjacente é cada vez mais compreensível por meio de números e relacionamentos. Por exemplo, o movimento das galáxias, a estrutura dos átomos e a propagação da luz podem ser definidos usando formulação matemática. Este é um forte argumento para a matemática ser a linguagem "real" do universo.

A filosofia estrategicamente a questão de se a matemática é a linguagem costumeira tanto de uma imagem espelhada da capacidade da mente humana de apreender a natureza ou como um ativo inerente do próprio universo. Se a matemática é uma linguagem que ocorre regularmente permanece profundamente filosófica e clínica.

Sistemas matemáticos foram determinados e debatidos por meio de filósofos considerando o fato de que instâncias históricas. Platão, por exemplo, argumentou que realidades matemáticas existem independentemente do mundo corpóreo. De acordo com Platão, estruturas matemáticas não são invenções dos pensamentos humanos, mas reflexos da arquitetura essencial do universo. Essa visão mostra que a verdade matemática já é um presente dentro do universo, e os pensamentos humanos servem como um dispositivo para descobrir esses sistemas.

Na avaliação, diferentes filósofos, como Kant, acreditavam que a matemática é uma maneira pela qual a mente humana organiza sua compreensão da arena, não mais um reflexo imediato da realidade. Para Kant, as estruturas matemáticas não são inerentes à natureza em si; elas são ferramentas desenvolvidas usando a mente humana para fazer sentir o setor. Assim, a aritmética serve como uma linguagem através da qual compreenderemos o universo, em vez de como a natureza autêntica do universo.

O recente surgimento do princípio da simulação complica o argumento sobre se a aritmética é simplesmente a linguagem usual. De acordo com a teoria da simulação, o universo pode realmente ser uma simulação de computador. Se o universo está sendo executado com a ajuda de alguma forma de software , pode-se afirmar que tudo é governado por um "código". Deste ângulo, é argumentado que para o universo ser uma simulação, tudo precisaria ser baseado principalmente em ideias matemáticas. Esta visão considera a matemática não apenas um dispositivo para descrever a natureza, mas como o código essencial do universo.

O conceito de simulação, ao sugerir que o universo é controlado por um " software " matemático, posiciona as leis matemáticas como os blocos de construção do próprio universo. Assim, a matemática deixa de ser apenas uma linguagem para descrever a verdade, mas também o código intrínseco que a governa. Este conceito vê a matemática agora não apenas como um dispositivo conceitual, mas como o tecido real da realidade.

A matemática também desempenha uma posição essencial dentro dos campos da inteligência sintética e do aprendizado de dispositivos. Os sistemas de IA usam algoritmos e modelos matemáticos para acumular e técnica de dados . Esses métodos de conhecimento são guiados por meio de sistemas matemáticos. Embora a inteligência artificial nem sempre seja uma simulação imediata do cérebro humano, ela é, no entanto, direcionada por estruturas matemáticas. Os sistemas de IA, com o auxílio da operação com grandes conjuntos de dados, usam modelos matemáticos para esperar eventos futuros ou otimizar estruturas.

Isso serve como prova adicional de que a aritmética opera como uma linguagem familiar. Assim como os humanos usam algoritmos matemáticos para reconhecer e responder ao mundo, as estruturas de IA usam estruturas matemáticas semelhantes para técnica e interpretar registros. Se a aritmética é uma linguagem normal, então a compreensão da IA do setor e sua capacidade de resolver problemas são igualmente mediadas pelo uso dessa linguagem.

A matemática é uma ferramenta essencial para entender o funcionamento do universo. Estruturas matemáticas descrevem a ordem da natureza e nos ajudam a aproximar suas camadas mais profundas. No entanto, a questão de saber se a aritmética é genuinamente a linguagem familiar exige uma exploração filosófica e médica similar. A matemática pode ser a linguagem que explica as diretrizes legais fundamentais da natureza, no entanto, se ela é a ilustração direta do próprio universo continua sendo uma questão de discussão. A matemática serve como um dispositivo para nos ajudar a entender o universo, no entanto, se ela exibe ou não imediatamente a essência da natureza permanece uma questão em aberto.

5.2 Leis físicas e teoria do processamento de informações

No reino do know-how tecnológico atual, especificamente em física e tecnologia de laptop , a relação entre diretrizes legais corporais e processamento de fatos está se tornando cada vez mais óbvia. Essa conexão sugere que o universo, em alguns sentidos, opera além de um gadget computacional, governado por leis físicas que podem ser interpretadas através das lentes da teoria de registros. A noção de que o próprio universo também pode se caracterizar como um processador de estatísticas considerável tem implicações profundas para nossa informação da realidade, levando-nos a explorar a relação complicada entre as diretrizes legais fundamentais da física e a natureza dos registros.

As leis fundamentais da física — como as diretrizes legais de movimento de Newton, as diretrizes legais da termodinâmica e as teorias da relatividade de Einstein — governam o comportamento da memória e da energia no universo. Essas diretrizes legais descrevem como os detritos se envolvem, como a eletricidade flui e como o espaço e o tempo estão interligados. No entanto, mais do que simplesmente descrever fenômenos físicos, essas leis podem ser vistas como registros de codificação sobre o reino do universo.

A informação é descrita como dados que têm qual significado ou custo. Na física, o país de um sistema em qualquer segundo dado pode ser visível como uma forma de informação — seja a colocação e o ritmo de uma partícula ou o poder armazenado dentro de um gadget. Nesta experiência, as leis físicas agem como os algoritmos que sistematizam e controlam esses fatos, descobrindo como o reino do dispositivo se modifica ao longo do tempo. Deste ângulo, todo o universo pode ser noção de como uma maneira computacional gigante, com as leis da física oferecendo as regras de como a informação é manipulada e convertida.

Fevzi H.

A ideia de que o universo corresponde a uma máquina computacional não é nova, e é um conceito vital no campo emergente da física digital. A física digital postula que, no estágio fundamental máximo, o universo opera como um computador, processando fatos por meio de unidades discretas, semelhante a como um laptop digital usa código binário para sistematizar registros. De acordo com essa visão, o universo físico pode ser definido em termos de processamento de registros, com área, tempo e dependência representando formas distintas de registros sendo processados de acordo com as leis da física.

Este ângulo é particularmente intrusivo em teorias como a computação quântica, que explora como a mecânica quântica pode querer habilitar o processamento de informações em métodos basicamente diferentes da computação clássica. A computação quântica aproveita as residências peculiares e contraintuitivas da mecânica quântica, incluindo superposição e emaranhamento, para técnicas estatísticas em paralelo, potencialmente fornecendo aumentos consideráveis no poder computacional. Nesta luz, as próprias leis da física podem ser visíveis como uma forma de computação quântica, na qual a evolução do universo segue algoritmos semelhantes aos quânticos que gerenciam registros ao longo do espaço-tempo.

A relação entre as diretrizes legais físicas e o processamento estatístico se tornará particularmente limpa no contexto da termodinâmica, em particular a segunda regulamentação da termodinâmica. Esta regulamentação, que afirma que a entropia geral (ou doença) de um sistema remoto aumenta constantemente ao longo dos anos, pode ser interpretada através das lentes da ideia estatística. A entropia, neste contexto, é frequentemente descrita como uma medida de registros. Na termodinâmica, a entropia de uma máquina aumentará quando os fatos disponíveis sobre seu país se tornarem mais imprevisíveis ou desordenados.

Na teoria da informação, a entropia quantifica a incerteza ou a quantidade de fatos necessários para explicar o estado de um gadget. A 2ª lei da termodinâmica indica que, à medida que os fatos são perdidos ou se tornam mais desordenados, a entropia geral do sistema aumenta. Essa conexão entre entropia e informação fornece uma estrutura para o know-how de como os processos físicos no universo evoluem, não apenas em termos de eletricidade e memória, mas também como um fluxo de registros.

Uma das intersecções mais marcantes entre leis corporais e conceito de dados ocorre dentro do assunto do conceito de registros quânticos. A mecânica quântica, com sua natureza probabilística e capacidade de explicar fenômenos como superposição e emaranhamento, revolucionou nossa expertise de dados no estágio quântico. Na computação quântica, bits quânticos (qubits) podem existir em mais de um estado simultaneamente, tendo em mente uma forma apreciavelmente especial de processamento de fatos.

A ideia de fatos quânticos busca reconhecer como os sistemas quânticos mantêm, processam e transmitem estatísticas. Um dos insights vitais desse campo é que os fatos quânticos dizem respeito a restrições físicas, como o teorema da não clonagem, que afirma que as informações quânticas não podem ser copiadas exatamente. Essas restrições estão imediatamente vinculadas às leis da mecânica quântica, ilustrando como as estatísticas e as diretrizes legais corporais são interdependentes.

Além disso, a ideia de entrelaçamento quântico — um fenômeno no qual o reino de uma partícula é instantaneamente relacionado ao estado de alguma outra, independentemente do espaço entre elas — indica que as estatísticas não são localizadas, mas são compartilhadas por todo o gadget quântico. Essa interconexão é um elemento essencial da estrutura informacional do universo e pode ter implicações para o conhecimento da natureza da área, do tempo e da causalidade.

Um desenvolvimento particularmente emocionante dentro da intersecção da física e da ideia de dados é o conceito de que o próprio espaço-tempo pode ser um fenômeno emergente surgindo de táticas informacionais subjacentes. O princípio holográfico, proposto por físicos como Leonard

Susskind e Gerard 't Hooft, mostra que o universo tridimensional que estudamos pode ser codificado em uma superfície bidimensional no horizonte de ocasião de uma cavidade negra. Nessa visão, os registros sobre o universo nem sempre são salvos dentro da sensação tradicional, mas são codificados dentro das flutuações do próprio espaço-tempo.

Este conceito está intimamente relacionado à ideia da gravidade quântica, que busca reconciliar a relatividade generalizada (a teoria da gravidade) com a mecânica quântica. No modelo holográfico, o espaço-tempo não é fundamental, no entanto, como um substituto, ele emerge dos dados contidos em um piso de dimensão menor. Isso sugere que a estrutura essencial do universo pode ser informacional em seu núcleo, e as leis corporais que observamos são sinceramente as políticas que governam o fluxo e o processamento dessas estatísticas.

Além de explicar a conduta de partículas e campos, o processamento de fatos também pode fornecer insights sobre a evolução de sistemas complicados. As leis da física governam agora não apenas o movimento de detritos fundamentais, mas também a formação de sistemas complexos, de galáxias a organismos orgânicos. O impulso ascendente da complexidade dentro do universo pode ser entendido como o resultado final do processamento de registros ao longo do tempo.

Um exemplo disso é a evolução dos estilos de vida, que pode ser visível como um método de processamento de fatos em uma máquina biológica. O código genético, salvo no DNA, é uma forma de registros que codifica os comandos para construir e manter organismos vivos. As regras da evolução, conforme descritas pelo princípio darwiniano, podem ser entendidas como algoritmos que processam fatos aproximadamente condições ambientais e variante genética, levando à variação de organismos em seus arredores.

Da mesma forma, o aumento da inteligência e do foco pode ser interpretado como uma forma mais avançada de processamento de registros. A mente humana, com sua rede de neurônios e sinapses, técnicas grandes quantidades de informações do entorno, permitindo-nos perceber, supor e agir em resposta ao mundo ao nosso redor. Os pensamentos, nessa visão, são um processador de registros que interage com o mundo corporal, influenciando e sendo motivados pelo uso das diretrizes legais da física.

O namoro entre leis físicas e fatores de processamento de informações para uma conexão mais profunda e essencial entre o funcionamento do universo e a natureza dos registros. À medida que descobrimos o universo através da lente da ideia de registros, começamos a ver a possibilidade de que o próprio cosmos pode ser um dispositivo computacional gigante, onde as leis corporais são os algoritmos que governam a deriva das estatísticas. Quer estejamos lendo o comportamento das partículas, a evolução da existência ou a natureza do espaço-tempo, descobrimos que o processamento de estatísticas está no cerne da forma e evolução do universo. As diretrizes legais da física não são meramente descrições da arena ao nosso redor — elas podem ser as diretrizes que ditam como os fatos são processados, transformados e transmitidos em algum estágio do cosmos. À medida que nossa informação sobre física e princípio de fatos se aprofunda, também podemos vir a ver o universo não apenas como um lugar de contagem de números e poder, mas como um sistema massivo e interconectado de registros em movimento.

5.3 Estruturas Fractais no Universo e Realidade Algorítmica

A ideia de fractais, que descrevem estilos auto-replicantes, geometricamente complexos determinados na natureza, espalhou discussões emocionantes em cada matemática e cosmologia. Essas estruturas complicadas, determinadas em tudo, de flocos de neve a galáxias, fator para uma ordem oculta que subjaz às estruturas aparentemente caóticas do nosso universo. Fractais, caracterizados por usar sua auto-similaridade em todas as escalas, oferecem uma lente completamente única através da qual descobriremos a estrutura do universo, revelando uma profunda conexão entre geometria, padrões herbais e as leis da física.

Fractais são regularmente definidos como formas ou sistemas que exibem autosimilaridade, o que significa que eles repetem os mesmos padrões em escalas especiais. O matemático Benoît B. Mandelbrot popularizou esse conceito no final do século XX, especialmente com o conjunto de Mandelbrot, que demonstra visualmente a complexidade ilimitada dos fractais. A característica marcante dos fractais é que sua forma específica permanece a mesma, não importa o quanto eles sejam ampliados. Por exemplo, um litoral pode parecer irregular à distância, mas após uma inspeção mais próxima, ele notou a mesma irregularidade em escalas menores. Essa propriedade autocomparável é o que diferencia os fractais das formas geométricas convencionais, que podem ser frequentemente fáceis e previsíveis.

Matematicamente, fractais são frequentemente definidos usando algoritmos recursivos, onde uma regra fácil é repetidamente executada para gerar uma amostra complexa. Esses padrões podem ser definidos com o auxílio de equações particulares que dão origem a sistemas com complexidade ilimitada, apesar de serem gerados usando etapas iterativas simples. Fractais não são apenas um interesse de ideia matemática — eles são essenciais para informar fenômenos naturais, desde a ramificação da madeira até a formação de montanhas, nuvens ou mesmo a distribuição de galáxias dentro do cosmos.

Os sistemas fractais são presentes em diversas escalas durante o universo. Na escala cósmica, damos uma olhada na formação de aglomerados de galáxias que apresentam padrões semelhantes aos fractais. As galáxias não são distribuídas levianamente por todo o universo; alternativamente, elas moldam sistemas filamentosos complicados que se assemelham às casas autosimilares dos fractais. Essa teia cósmica, adicionalmente chamada de "filamentos cósmicos", indica que a forma em grande escala do universo pode ser inerentemente fractal, com galáxias e aglomerados organizados em um padrão hierárquico repetitivo.

A distribuição da matéria dentro do universo segue um padrão fractal, com vazios (áreas vazias consideráveis) intercalados com enormes aglomerados de galáxias, todos formando uma forma que reflete a natureza autosimilar dos fractais. Acredita-se que esses sistemas emerjam das interações complexas da gravidade, da escuridão e das condições iniciais definidas em algum estágio nos estágios iniciais da formação do universo. A maneira como esses estilos de grande escala se repetem em escalas menores — assim como os fractais — indica que há um algoritmo subjacente que governa a estrutura do universo.

Em um grau extra granular, padrões fractais aparecem na formação de corpos celestes, que incluem planetas, estrelas ou mesmo a forma difícil de nebulosas. As nuvens de poeira das quais as estrelas se formam frequentemente mostram formas autosimilares, semelhantes a fractais, enquanto os discos de acreção de buracos negros adicionalmente demonstram capacidades comparáveis. Esses padrões não são simplesmente curiosidades estéticas; eles refletem abordagens corporais profundas e subjacentes que provavelmente são governadas por meio das diretrizes legais da própria física.

Os sistemas fractais não estão restritos ao cosmos. Na natureza, os fractais podem ser encontrados em tudo, desde os galhos da madeira até os sistemas vasculares em animais e a ramificação dos rios. Esses padrões são visivelmente verdes na natureza, tendo em mente a melhor distribuição de ativos em vários sistemas. Por exemplo, a ramificação da madeira e das plantas é otimizada para maximizar a publicidade à luz solar, ao mesmo tempo em que minimiza a força necessária para o boom. Da mesma forma, a forma do sistema circulatório humano, com suas veias e artérias ramificadas, segue uma amostra fractal que otimiza o fornecimento de oxigênio e nutrientes durante a duração do corpo.

A presença de fractais em sistemas biológicos causou insights de bom tamanho sobre como sistemas complexos evoluem para maximizar a eficiência e reduzir a entropia. As abordagens recursivas visíveis nesses padrões são um testamento do desempenho de algoritmos herbais, que são moldados por meio de pressões evolutivas. Esses algoritmos não são projetados explicitamente, mas eles emergem naturalmente porque a maneira mais eficiente de esclarecer problemas associados à área, fontes e distribuição de eletricidade.

Os padrões complexos observados em organismos vivos replicam um método de otimização que surge das leis herbais da física, aritmética e biologia. A evolução preferiu esses algoritmos autorreplicantes porque eles levam a organismos mais resilientes, verdes e adaptáveis. Dessa maneira, os fractais são uma curiosidade matemática e uma ferramenta poderosa para entender as táticas profundas que governam a própria vida.

O conceito de que o universo pode atuar de forma consistente com políticas algorítmicas é profundo e se cruza com conceitos da tecnologia de computadores, ideia de registros e mecânica quântica. Se visualizarmos o universo como um grande sistema computacional, os procedimentos físicos fundamentais podem ser visíveis como algoritmos que codificam a evolução do universo. Assim como os fractais emergem de diretrizes recursivas fáceis, a complexidade gigante do universo pode querer surgir de algoritmos essenciais que governam a coisa toda, desde interações de partículas até formações cósmicas.

Essa crença tem sido explorada em várias abordagens, em particular dentro do campo da física virtual, que postula que o universo é, em alguns sentidos, uma entidade computacional. De acordo com essa visão, espaço, tempo e contagem não serão ininterruptos, mas alternativamente discretos, feitos dos menores gadgets de estatísticas, assim como pixels em uma tela de exibição ou bits em um software de laptop . As diretrizes legais da física seriam então vistas como as regras computacionais que controlam a interação e a transformação desses gadgets fundamentais de registros.

Fractais, neste contexto, são um reflexo da natureza algorítmica do universo. Os padrões autorreplicantes que estudamos na natureza e no cosmos podem ser o resultado de algoritmos subjacentes em jogo em mais de uma escala. Assim como algoritmos de laptop são usados para gerar padrões visíveis complicados a partir de regulações simples, as leis da física podem ser entendidas como algoritmos que geram as estruturas complexas e numerosas localizadas dentro do universo.

Uma das implicações mais interessantes da geometria fractal em termos da forma do universo vem do preceito holográfico, que sugere que o universo pode ser basicamente - dimensional, mas parece tridimensional para nós. De acordo com esse princípio, todos os dados contidos dentro de uma extensão de área podem ser codificados em seu limite, semelhante a um holograma. Essa ideia radical desafia nossa informação de área e tempo, sugerindo que a verdade tridimensional que vivenciamos é provavelmente uma propriedade emergente de estruturas subjacentes mais profundas.

No contexto dos fractais, o princípio holográfico indica que a complexidade aparentemente infinita do universo será codificada em um padrão subjacente menos difícil. As propriedades autocomparáveis dos fractais se alinham com a visão holográfica do universo, na qual cada parte do universo contém estatísticas aproximadamente do todo. Essa ideia deve dar uma explicação para o porquê de estruturas semelhantes a fractais aparecerem em cada uma das teias cósmicas de grande escala e nos detalhes microscópicos da mecânica quântica. O universo pode, na verdade, ser um fractal holográfico, no qual cada parte do universo reflete o todo, simplesmente como cada geração de um fractal reflete o padrão da forma maior.

A mecânica quântica, com seus padrões peculiares e contraintuitivos, também fornece insights sobre a conexão entre fractais e o tecido dos fatos. No nível quântico, o comportamento dos detritos parece ser governado por padrões probabilísticos em vez de leis determinísticas. Essas distribuições probabilísticas frequentemente exibem casas semelhantes a fractais, nas quais os resultados de ocasiões quânticas não são completamente previsíveis, mas exibem estilos que se repetem em várias escalas.

O conceito de fractais pode ajudar a dar uma explicação para fenômenos inclusive de tunelamento quântico, onde partículas parecem pular barreiras que não deveriam ser capazes de cruzar. Esse fenômeno, que desafia a física clássica, pode ser entendido como uma manifestação da natureza algorítmica e fractal da mecânica quântica. Assim como os fractais demonstram complexidade que emerge de regras recursivas simples, eventos quânticos serão o resultado de algoritmos probabilísticos subjacentes que governam a conduta de detritos em um estilo não linear.

Os fractais fornecem uma janela para a experiência da natureza complexa e profundamente ordenada do universo. Quer estejamos olhando para a formação de galáxias, a estrutura de organismos vivos ou a conduta de detritos quânticos, os fractais parecem um tema comum. Essa natureza autocomparável e recursiva aponta para uma técnica computacional subjacente — uma série de algoritmos que moldam a evolução do universo em todos os intervalos. A ideia de que o universo pode ser um fractal, governado com o auxílio de diretrizes algorítmicas, é profunda e desafia nossas noções tradicionais de área, tempo e a própria realidade. À medida que continuamos a descobrir a intersecção da aritmética, física e teoria estatística, a ideia de um universo fractal pode oferecer insights críticos sobre os mistérios privados da vida.

5.4 Informações sobre a escala de Planck: evidências da natureza digital do universo

A escala de Planck, que se refere aos menores dispositivos possíveis de espaço e tempo, é um dos nomes de domínio mais charmosos e misteriosos da física teórica. Nessa escala, os resultados da gravidade quântica tornam-se grandes, e o continuum fácil de espaço e tempo, conforme definido com o auxílio da física clássica, se divide em unidades discretas. É nessa escala que surge a possibilidade de que o universo possa ser fundamentalmente digital, consistindo em unidades discretas e quantizadas de registros em vez de um continuum espaço-tempo ininterrupto.

Na escala de Planck, prevê-se que o tecido da área-tempo seja bastante granular, composto dos menores dispositivos viáveis de duração e tempo. Este conceito exige situações de nossa expertise clássica da área-tempo como uma entidade contínua. Na física clássica, a área e o tempo são tratados como fundos fáceis e ininterruptos dentro dos quais ocorrem atividades físicas. No entanto, ao pensar sobre as condições intensas próximas à escala de Planck, a suavidade da área-tempo também pode se deteriorar, levando a uma forma discreta governada por meio da gravidade quântica.

Modas teóricas, juntamente com a gravidade quântica em loop e a teoria das cordas, defendem que o espaço-tempo nem sempre é ininterrupto nas menores escalas, mas alternativamente composto de unidades discretas, comparáveis a pixels em uma tela. Essas modas sugerem que a geometria do espaço-tempo se torna quantizada na escala de Planck, com cada unidade representando a menor "mordida" viável de área. Assim como as fotos instantâneas digitais são compostas de pixels discretos que coletivamente moldam uma foto ininterrupta, o universo pode ser feito de pedaços discretos de fatos que, embora misturados, parecem ininterruptos em grandes escalas.

de dados quânticos , que oferece com o processamento e transmissão de dados quânticos, oferece uma estrutura convincente para o conhecimento da natureza virtual viável do universo. Bits quânticos, ou qubits, são as unidades fundamentais de informação quântica, análogas aos bits clássicos na computação convencional. No entanto, diferentemente dos bits clássicos, que são 0 ou 1, os qubits podem existir em superposição, representando mais de um estado simultaneamente. Isso permite que os computadores quânticos realizem cálculos complexos que os computadores clássicos não conseguem realizar em um tempo razoável.

Os princípios da teoria quântica de dados defendem que o universo pode ser fundamentalmente composto de informações em seu meio. Nessa visão, o universo não é uma entidade contínua, mas sim um sistema computacional massivo que processa estatísticas no estágio quântico. Cada reino quântico pode ser noção de um "bit" de registros, e a evolução do universo pode ser visível como o processamento desses bits de acordo com as regras da mecânica quântica. Nessa concepção digital da verdade, área-tempo e número de contagem não são entidades imparciais, mas são manifestações substitutas de informações quânticas subjacentes.

Essa atitude tem implicações profundas para nossa compreensão do universo. Se o universo é fundamentalmente virtual, então as diretrizes legais da física em si podem ser os resultados de algoritmos que gerenciam e sistematizam dados . Assim como um aplicativo de computador gera comportamentos complicados a partir de instruções simples, o universo pode ser feito a partir de um conjunto difícil de regras computacionais que governam as interações de bits quânticos.

O princípio holográfico é um conceito teórico em física que sugere que todas as informações contidas dentro de uma localização de área podem ser codificadas no limite dessa vizinhança. Este conceito radical, que surgiu de considerações sobre buracos negros e gravidade quântica, implica que o universo tridimensional que percebemos pode ser uma propriedade emergente de estatísticas -dimensionais codificadas em um limite distante. Nesta visão, a área-tempo e os itens dentro dela não são essenciais, mas são, em vez disso, o resultado de estruturas informacionais mais profundas.

O preceito holográfico levou alguns físicos a recomendar que o próprio universo pode ser uma espécie de "holograma" criado por meio do processamento de fatos quânticos. Essa ideia se alinha com a crença de um universo virtual, onde o desfrute contínuo do espaço e do tempo surge da manipulação de informações discretas. Se o universo é de fato holográfico e os fatos são codificados em limites, isso defenderá que a realidade em si é essencialmente virtual, com a revelação suave e contínua do universo surgindo de dispositivos discretos e quantizados de fatos.

Buracos negros, que são áreas de área em que a gravidade é tão robusta que agora nem mesmo a luz pode escapar, fornecem alguma outra rua intrigante para explorar a natureza virtual do universo. O paradoxo dos fatos relacionado aos buracos negros — a questão do que acontece com as estatísticas que caem em um buraco negro — levou a tremendas tendências dentro do know-how do princípio dos dados e da mecânica quântica. De acordo com a física clássica, qualquer informação que entra em um buraco negro é perdida, levando ao chamado "paradoxo da perda de informação". No entanto, os últimos desenvolvimentos na gravidade quântica e no princípio das cordas aconselham que os fatos não são perdidos, mas sim codificados no horizonte de ocasião do buraco negro, o limite além do qual nada pode escapar.

Este conceito é consistente com a ideia de um universo digital, onde os registros são codificados em bits discretos no horizonte de eventos. Alguns pesquisadores defendem que o horizonte de ocasião de um buraco negro pode adicionalmente funcionar como um limite "pixelado", onde as estatísticas contidas dentro do buraco negro são codificadas como dispositivos discretos, muito parecido com a forma como as fotos digitais são compostas de pixels. Isso implica que o próprio tecido do espaço-tempo, mesmo em condições severas como as próximas a buracos negros, pode ser inerentemente virtual, com o deslizamento ininterrupto de dados governado com o auxílio de dispositivos discretos.

Os estilos de vida dos gadgets de Planck, que definem os menores valores viáveis para espaço, tempo e eletricidade, além disso, apoiam o conceito de que o universo é digital por natureza. Esses dispositivos fundamentais de tamanho, além dos quais a física clássica se decompõe, são regulares com a ideia de um universo "digital" em que a verdade consiste em bits discretos de dados . A quantização de energia e área na escala de Planck pode ser vista como prova de que o universo é basicamente um sistema computacional rodando em um grau quântico.

A especulação de que o universo é virtual por natureza é ainda mais apoiada pela ideia de simulações. Alguns pesquisadores propuseram que nossa verdade é provavelmente uma simulação executada por uma civilização complicada. Essa "especulação de simulação" indica que o universo não é uma entidade física, mas um programa de computador complicado funcionando em um sistema computacional superior. Nessa visão, os detritos essenciais da dependência, as diretrizes legais da física e até mesmo o material do próprio espaço-tempo serão o resultado de métodos computacionais.

O conceito de que o universo é uma simulação é constante com a natureza digital do fato, onde o espaço-tempo é composto de bits discretos de registros. Se o universo fosse de fato uma simulação, isso sugeriria que a informação codificada dentro da simulação segue um conjunto de políticas computacionais que governam o comportamento da totalidade dentro do ambiente simulado. Essa visão se alinha com a crescente prova do conceito de registros quânticos e o preceito holográfico, ambos os quais defendem que a informação, em preferência à contagem de números, é o bloco de construção mais essencial da verdade.

As evidências que apontam para um universo digital se tornam mais convincentes quando temos em mente as situações intensas da escala de Planck. Nessa escala, o espaço-tempo parece ser discreto, governado pelo uso das regulações do princípio dos fatos quânticos e da gravidade quântica. Seja por meio da quantização do espaço-tempo, do preceito holográfico ou do comportamento dos buracos negros, o conceito de que o universo é basicamente digital ganha mais suporte. À medida que preservamos a exploração do caráter da realidade por meio da mecânica quântica, da teoria dos fatos e do estudo dos buracos negros, torna-se cada vez mais claro que o universo pode não ser uma entidade analógica ininterrupta, mas uma máquina virtual substancial e complicada, com área, tempo e confiança, todos emergindo do processamento de bits quânticos fundamentais de informação.

5.5 Computadores quânticos e simulação da realidade

Os sistemas de computadores quânticos representam um avanço inovador na eletricidade computacional, aproveitando as residências incomuns da mecânica quântica para realizar cálculos muito além da funcionalidade dos sistemas de computadores clássicos. À medida que a geração da computação quântica progride, o conceito de que essas máquinas podem ser usadas para simular a verdade em si passou a ser um tópico de hobby de bom tamanho. Os sistemas de computadores quânticos têm a capacidade agora não apenas de revolucionar campos junto com criptografia, inteligência artificial e conhecimento tecnológico material, mas também de nos fornecer equipamentos para simular sistemas complexos, sem dúvida até mesmo o tecido do universo. A intersecção da computação quântica e o conceito de simulação da verdade levanta questões profundas sobre o caráter da vida, dados e os limites do que é viável no reino digital.

A mecânica quântica, o departamento da física que lida com o comportamento de partículas nos estágios atômico e subatômico, introduz conceitos que desafiam o bom julgamento clássico. A chave entre eles é a superposição, na qual as partículas podem existir em vários estados simultaneamente, e o emaranhamento, no qual os detritos podem ser imediatamente ligados, não importa a distância. Essas propriedades fornecem aos computadores quânticos um ganho único: assim como os bits clássicos podem representar apenas um em cada um dos dois estados (0 ou 1) em qualquer momento, os bits quânticos (qubits) podem representar zero e 1 ao mesmo tempo, caminho para a superposição. Essa capacidade permite que os computadores quânticos realizem muitos cálculos simultaneamente, aumentando exponencialmente sua força computacional.

O potencial da computação quântica não está agora simplesmente no ritmo dos cálculos, mas nos tipos de problemas que ela pode resolver. Certos problemas que poderiam levar milênios para sistemas de computadores clássicos resolverem serão concluídos por meio de um computador quântico em um fragmento de tempo. Isso consiste em responsabilidades que incluem fatorar números grandes, otimizar estruturas complicadas e simular estruturas corporais quânticas, todas as quais são primárias para o conceito de simulação da verdade.

Em seu centro, uma simulação é um modelo ou representação de um dispositivo do mundo real, e quanto mais complexo o dispositivo, mais difícil ele se torna de simular apropriadamente. Os sistemas de computadores clássicos regularmente guerreiam com isso, principalmente ao simular o comportamento de estruturas quânticas, pois exigem ativos computacionais consideráveis para a versão até mesmo de interações quânticas fáceis. Os computadores quânticos, no entanto, são inerentemente aplicáveis a essa tarefa. Como eles operam o uso de conceitos quânticos eles próprios, eles podem simular estruturas quânticas com muito mais desempenho do que os sistemas de computadores clássicos.

Uma das possibilidades mais emocionantes para a computação quântica é a simulação de fenômenos físicos em escalas e resoluções antes inimagináveis. Isso inclui simular interações moleculares, a conduta de materiais sob condições excessivas e até mesmo as propriedades de detritos fundamentais em ambientes de força excessiva. Ao simular esses métodos, os computadores quânticos devem resultar em avanços em uma ampla gama de campos, juntamente com o

Fevzi H.

aprimoramento de medicamentos, tecnologia de tecidos e produção de eletricidade. Além disso, a capacidade de simular tais estruturas em um laptop quântico também pode aumentar a introdução de universos virtuais completos — simulações de fatos que são governadas por meio das mesmas diretrizes físicas que examinamos.

O conceito de simulação da verdade — no qual um computador, em particular um laptop quântico , cria um mundo virtual indistinguível do mundo físico — tem sido um desafio famoso de hipóteses filosóficas e investigação científica. A ideia sugere que a verdade em si pode ser o resultado de uma grande técnica computacional, com o universo funcionando como um tipo de simulação executada por meio de alguma entidade ou máquina avançada. Esse conceito, frequentemente conhecido como "hipótese da simulação", ganhou força nos últimos anos, em particular com melhorias no poder da computação e nossa compreensão da mecânica quântica.

Os computadores quânticos devem oferecer a maneira de simular a verdade em um estágio de detalhe inédito. Ao contrário das simulações clássicas, que são limitadas com o auxílio da necessidade de aproximar variáveis contínuas, as simulações quânticas devem modelar a natureza contínua do espaço-tempo e dos procedimentos quânticos precisamente, sem falta de fidelidade. Se os computadores quânticos forem capazes de simular o universo com esse grau de precisão, isso levanta a possibilidade interessante de que a própria realidade será uma simulação — possivelmente até mesmo uma que seja deliberadamente projetada e mantida com o auxílio de uma civilização avançada ou alguma pressão externa diferente.

Para simular fatos em um computador quântico, seria necessário modelar não apenas estruturas quânticas de pessoas, mas a estrutura completa do universo, juntamente com área-tempo, gravidade e as leis fundamentais da física. Este é um projeto enorme, no entanto, os sistemas de computadores quânticos têm a capacidade de executar esse tipo de simulação devido ao fato de que operam usando as mesmas ideias que governam a conduta do universo. Ao codificar as diretrizes legais da física na própria computação, um computador quântico deve simular tudo, desde as interações de partículas subatômicas até a dinâmica das galáxias, potencialmente reproduzindo o universo observável completo no nível quântico.

Um dos principais aditivos da simulação da verdade em um PC quântico é a necessidade de modelar o emaranhamento quântico e a interconexão de todos os detritos. Em uma simulação quântica da realidade, cada partícula poderia ser emaranhada com outras, e o estado de toda a máquina precisaria ser atualizado simultaneamente em todas as escalas da vida. Isso está muito além das capacidades da computação clássica, mas os sistemas de computadores quânticos são projetados para lidar com esses sistemas interconectados devido à sua capacidade inerente de simbolizar alguns estados imediatamente e informações do sistema em paralelo.

Embora o potencial dos sistemas de computadores quânticos para simular a verdade seja empolgante, há vários desafios e limitações que precisam ser abordados. Um dos limites número um é o problema da escalabilidade. Os sistemas de computadores quânticos, como existem hoje em dia, ainda estão em sua infância. Os processadores quânticos atuais são bastante pequenos, com apenas algumas dezenas de qubits, o que limita sua capacidade de realizar simulações em grande escala. Para simular até mesmo uma pequena porção do universo, os computadores quânticos podem precisar escalar até milhares ou milhares e milhares de qubits, exigindo avanços na correção de erros quânticos, estabilidade de hardware e coerência de qubits.

Além disso, há questões fundamentais sobre o caráter da verdade em si que devem ser abordadas antes de simulá-la completamente. Por exemplo, a mecânica quântica sugere que o próprio ato de declaração impacta a máquina que está sendo observada, um fenômeno chamado efeito observador. Isso coloca uma tarefa para simular um fato que é objetivo e independente do observador. Se o universo em si é uma simulação, como reconciliaríamos o impacto do observador com a ideia de um "fato" externo?

Além disso, simular o universo inteiro em um grau quântico pode ser impraticável por causa das monstruosas fontes computacionais necessárias. Enquanto os sistemas de computadores quânticos podem simular estruturas quânticas únicas com desempenho de alta qualidade, modelar um universo inteiro — completo com todas as suas interações e complexidades — pode exigir uma quantidade astronômica de energia de processamento. Como resultado final, até mesmo os computadores quânticos podem enfrentar obstáculos em sua capacidade de simular fatos com precisão completa.

O conceito de que computadores quânticos devem simular realidades inteiras levanta profundas questões éticas e filosóficas. Se fosse possível simular uma réplica realmente perfeita do universo, ou mesmo um ser consciente dentro de uma simulação, que implicações isso poderia ter para nossa informação de estilos de vida? Poderíamos estar residindo em qualquer simulação desse tipo agora mesmo? Se criássemos mundos simulados com entidades conscientes, essas entidades teriam direitos, e como poderíamos lidar com elas?

Além disso, a capacidade de simular a verdade pode querer ter consequências de longo alcance dentro dos reinos da inteligência artificial, verdade virtual e foco humano. Se somos capazes de simular as diretrizes legais da física e recriar a complexidade do universo, deveríamos também simular a atenção humana? Seria viável adicionar um pensamento

Fevzi H.

humano a uma simulação quântica, essencialmente desenvolvendo a imortalidade virtual? Essas questões expandem os limites do que significa ser humano e arriscam nosso conhecimento da vida, identificação e verdade em si.

Os computadores quânticos mantêm a capacidade de revolucionar nossa capacidade de simular estruturas complexas, juntamente com a própria natureza do fato em si. Embora ainda estejamos nos primeiros níveis da crescente geração de computação quântica, as oportunidades para aplicações futuras — principalmente no campo da simulação da realidade — são gigantes. À medida que os computadores quânticos evoluem, eles nos fornecerão o equipamento para não apenas entender o universo em um estágio mais profundo, mas também para recriá-lo em forma virtual. No entanto, à medida que nos aventuramos nessa nova fronteira, é importante não esquecer as implicações morais e filosóficas de tal geração, pois ela desafia os próprios fundamentos do que percebemos como verdade. O destino da simulação quântica, embora ainda incerto, promete remodelar nosso conhecimento da existência, do universo e de nosso lugar nele.

CAPÍTULO 6

Simulações físicas e realidades virtuais

6.1 Simulando o Universo com Computadores Modernos

Os avanços tecnológicos e o poder crescente dos computadores tornaram o conceito de criar uma simulação do universo físico mais sensato. Hoje, o know-how tecnológico do PC e a física, especialmente dentro da simulação de estruturas complicadas, fizeram um desenvolvimento extensivo.

Uma simulação é um sistema usado para criar uma versão do mundo real . Normalmente, esse processo é controlado por meio de modelagem matemática, programa de software de computador e hardware. As simulações pretendem imitar os eventos físicos e comportamentos do mundo real. Hoje, é muito possível simular o universo físico em cada uma das escalas micro e macro. Essas simulações podem ser realizadas em várias escalas, desde detritos de estágio atômico até os movimentos de galáxias.

Simulações do universo físico preservam grande taxa em campos como cosmologia, astrofísica e física de partículas. Elas permitem que pesquisadores reconheçam como todas as interações no universo obedecem às diretrizes legais físicas. Por exemplo, astrofísicos usam algoritmos complexos para simular a formação de galáxias, ao mesmo tempo em que físicos de partículas praticam uma técnica semelhante para interações de versão no nível subatômico.

Essas simulações nos ajudam a perceber as funções mais fundamentais do universo. Por exemplo, modelar fenômenos relacionados a buracos negros e contagem escura, que são muito remotos ou misteriosos para serem determinados de uma vez, permite uma melhor experiência. Os cientistas podem dar uma olhada em como as leis físicas funcionam por meio de simulações, levando ao desenvolvimento de teorias sobre como o universo funciona.

Simular o universo requer eletricidade computacional de tamanho completo. Hoje, os sistemas de computador são capazes de processar centenas de milhares, até bilhões, de fatores estatísticos simultaneamente. Essa capacidade permite a simulação de vários estágios do corpo global . Supercomputadores de alta resolução fornecem a energia computacional necessária para simular eventos físicos.

Por exemplo, simular na "Escala de Planck" envolve interações que são notavelmente complicadas, e computadores tradicionais não podem versioná-las. No entanto, melhorias em computadores quânticos e redes de processamento paralelo tornam esses tipos de simulações viáveis. Esses computadores podem processar conjuntos de informações de bom tamanho muito mais rápido e com maior eficiência, permitindo a modelagem correta de várias interações dentro do mundo corporal.

Fevzi H.

Esses sistemas de computador também podem realizar simulações baseadas totalmente em registros recebidos de aceleradores de partículas. Nesses experimentos, as simulações recriam eventos corporais de estágio subatômico, que não são possíveis de serem observados imediatamente. Isso permite que os físicos modelem interações em uma escala microscópica, levando a insights mais profundos sobre a física fundamental.

Simulações são úteis não somente no nível microscópico, mas também na escala macroscópica. Simulações cosmológicas são um dos equipamentos mais significativos para entender a natureza do universo. Muitos astrofísicos usam supercomputadores para simular a formação de galáxias, estrelas e até mesmo o universo completo. Essas simulações nos permitem modelar os procedimentos e a evolução do universo desde seus níveis iniciais.

Por exemplo, projetos simulando o modelo do "Big Bang" fizeram progressos consideráveis na especialização das situações que existiam no início do universo. Essas simulações mostram como sistemas de grande escala, juntamente com aglomerados de galáxias, estrelas e buracos negros, se formaram. Eles também ajudam os pesquisadores a entender o comportamento da contagem escura e da energia escura — aditivos do universo que não podem ser encontrados imediatamente, mas constituem uma parte massiva de sua massa.

Simulações como essas modelam como a fusão e a colisão de galáxias surgem, ou como novos sistemas se formam quando as galáxias interagem. Elas também simulam como a gasolina se comporta ao redor de buracos negros e a maneira como as galáxias evoluem. Esses insights ajudam a construir uma imagem mais clara dos métodos dinâmicos do universo.

O destino das simulações está cuidadosamente ligado a tecnologias como inteligência sintética (IA) e conhecimento profundo. Essas tecnologias devem permitir simulações ainda mais específicas e precisas do universo. A IA pode automatizar a modelagem de processos corporais complicados, aumentando o desempenho das simulações. Algoritmos de conhecimento profundo podem acelerar simulações e permitir o processamento de conjuntos de dados até mesmo grandes .

Além disso, técnicas de IA e aprendizado profundo podem aprimorar a análise de registros obtidos de simulações. Isso desempenhará uma posição importante no crescimento de novas modas cosmológicas e teorias corporais. O conhecimento profundo pode examinar as consequências de simulações e esperar atividades físicas do destino com maior precisão.

No destino, simulações não apenas modelarão atividades físicas, mas também oferecerão novas visões sobre os aspectos desconhecidos do universo. Essas tecnologias permitirão um conhecimento mais profundo do mundo físico em níveis muito mais finos.

Simular o universo com o uso de computadores de ponta desempenha um papel importante em nos ajudar a apreender a estrutura do universo, mas também aumenta questões profundas sobre a natureza da realidade em si. Se pudermos corretamente versionar o universo por meio de simulação, isso mostra que tudo o que entendemos como fato provavelmente está aberto ao pensamento. Ver como as diretrizes legais corporais e as fórmulas matemáticas funcionam como deveriam por meio de uma simulação fornece uma possibilidade única de reconhecer o funcionamento essencial do universo.

O desenvolvimento de simulações é grande não apenas para a pesquisa científica, mas também para aqueles em busca de soluções para questões filosóficas. A natureza da verdade pode ser extra genuinamente compreendida por meio de simulações, apesar de nossas percepções e suposições sobre a vida. Essas melhorias estão remodelando os limites entre o conhecimento tecnológico, a filosofia e a era, e estão aprofundando nosso conhecimento sobre a maneira como o universo funciona.

6.2 Realidades virtuais alimentadas por inteligência artificial

O desenvolvimento da inteligência artificial (IA) acabou se tornando um detalhe essencial na criação de um número crescente de realidades virtuais sofisticadas. As realidades virtuais, antes limitadas ao mundo do entretenimento e dos jogos, avançaram para ambientes complexos e interativos alimentados com o auxílio da IA. Esses mundos virtuais orientados por IA agora são usados em campos que vão desde a escolaridade e educação até a simulação, lazer ou até mesmo interação social.

Em seu meio, uma verdade virtual alimentada por IA é um ambiente simulado onde a dinâmica e as interações no mundo são conduzidas e influenciadas por meio da IA. Ao contrário dos videogames convencionais ou ambientes gerados por computador que obedecem a scripts e ações predefinidos, as realidades virtuais mais fortes em IA são projetadas para evoluir e evoluir com base na conduta e nas escolhas dos clientes dentro delas. Isso permite uma experiência mais dinâmica, responsiva e personalizada.

Esses ambientes virtuais geralmente consistem em mundos imersivos e tridimensionais nos quais os clientes podem interagir com diferentes usuários, personagens digitais e o próprio ambiente. A inteligência incorporada nesses mundos torna a experiência de interações mais natural, realista e envolvente, regularmente borrando a linha entre os mundos real e virtual.

A IA desempenha um papel essencial na construção de realidades digitais que não são estáticas, mas, em vez disso, interativas e responsivas. Tradicionalmente, os mundos virtuais foram restringidos a movimentos pré-programados, com interações e atividades se desenrolando de acordo com estilos definidos. No entanto, a mistura de IA adicionou aproximadamente uma mudança transformadora em como os ambientes virtuais respondem aos usuários.

Algoritmos de IA, incluindo masterização de dispositivos e processamento de linguagem natural, permitem que personagens virtuais ou varejistas respondam dinamicamente à entrada do usuário. Esses vendedores podem reconhecer o contexto, estudar as interações do usuário e se adaptar ao longo do tempo. Por exemplo, um indivíduo impulsionado por IA em um mundo digital pode reconhecer os padrões de comportamento de uma pessoa, tom emocional ou preferências específicas e alterar suas respostas consequentemente. Isso permite interações personalizadas que evoluem à medida que o usuário se envolve mais com o ambiente.

Em eventualidades mais avançadas, os sistemas de IA dentro desses mundos virtuais podem esperar movimentos de pessoas e criar ambientes que se adaptam em tempo real. Por exemplo, se um consumidor expressa interesse em explorar certas variedades de paisagens ou esportes, o mundo digital deve ajustar dinamicamente suas funções para fornecer novo material de conteúdo que se alinhe com essas opções.

Um dos maiores avanços em realidades virtuais alimentadas por IA é a evolução de personagens não-jogadores (NPCs). Esses personagens, que antes eram limitados a papéis fáceis, agora exibem comportamentos e interações mais complexos, caminho para a IA. Os NPCs, tradicionalmente controlados pelo senso comum da recreação, agora podem interagir em conversas sensatas, não se esqueça das interações além e responda à pessoa de métodos práticos e diferenciados.

Com a IA, os NPCs não têm certeza usando madeira de diálogo roteirizada ou padrões fixos de conduta. Em vez disso, eles podem usar processamento de linguagem natural (PNL) para entender e responder à fala do consumidor, desenvolvendo uma interação mais fluida e natural. Esses NPCs podem até simular emoções, explicitar seus pensamentos e formar relacionamentos dinâmicos com os clientes, incluindo profundidade aos mundos virtuais.

Por exemplo, em simulações de educação digital, NPCs alimentados por IA podem atuar como instrutores digitais, educando usuários por meio de cenários, apresentando observações e adaptando o nível do problema com base no desempenho geral do consumidor. No entretenimento, NPCs podem aprimorar o enredo com a ajuda de reagir às seleções de um participante, fazendo com que cada experiência pareça precisa e imprevisível.

A IA não apenas aprimora os personagens dentro de ambientes digitais; ela também molda os próprios ambientes. Sistemas alimentados por IA podem criar mundos gerados proceduralmente, que são dinamicamente projetados e alterados principalmente com base nas ações e comportamentos da pessoa. Esses ambientes não são estáticos, mas, em vez disso, adaptam-se em tempo real, apresentando uma experiência honestamente imersiva.

Por exemplo, a IA pode gerar paisagens que evoluem ao longo dos anos com base na interação do consumidor, ou simular ecossistemas nos quais flores, animais e estilos climáticos trocam em resposta a fatores externos. Esse grau de complexidade faz com que os mundos virtuais pareçam vivos e reativos aos movimentos do consumidor, levando a uma sensação elevada de imersão.

Além disso, a IA também pode ser usada para criar sistemas sensatos que controlam o mundo virtual, garantindo que o senso comum interno do mundo permaneça coerente. Seja simulando a física de um ambiente digital, lidando com sistemas sociais complicados ou mantendo o realismo das interações entre entidades virtuais, a IA é a espinha dorsal que garante que esses ambientes digitais operem facilmente.

Embora as realidades virtuais alimentadas por IA forneçam enormes possibilidades, elas também levantam questões morais vitais. Uma das maiores preocupações gira em torno da indefinição da linha entre realidade e simulação. À medida que esses ambientes virtuais se tornam mais sofisticados e indistinguíveis da existência real, os clientes podem adicionalmente se deleitar com uma experiência crescente de apego a esses mundos simulados. Isso pode ter consequências mentais profundas, especialmente se os clientes começarem a decidir sobre o mundo digital em vez do real.

Além disso, o rápido desenvolvimento da IA em realidades digitais pode aumentar as preocupações sobre privacidade, proteção de registros e controle. Como os sistemas de IA nesses mundos virtuais são capazes de acumular enormes quantidades de fatos sobre comportamentos, escolhas e interações dos clientes, há perigos de capacidade em relação ao uso indevido ou exploração desses fatos.

Além disso, há a questão do vício em mundos virtuais. Com ambientes impulsionados por IA se tornando mais fascinantes, os clientes podem adicionalmente se localizar gastando quantidades crescentes de tempo nessas simulações. Isso pode resultar em um distanciamento dos fatos, pois os indivíduos perdem o interesse em relatórios globais reais em favor de relatórios digitais mais idealizados ou controlados.

Outra atenção fundamental é o potencial das estruturas de IA para se expandirem além da manipulação humana. À medida que a IA se torna mais avançada, pode haver a possibilidade de que ela comece a agir em métodos que não tinham sido inicialmente supostos por seus criadores. Em mundos virtuais, isso pode sugerir o surgimento de comportamentos surpreendentes, onde as entidades de IA não aderem mais a papéis pré-programados e começam a exibir métodos imparciais de tomada de decisão.

Olhando mais de perto para o futuro, a posição da IA em realidades virtuais possivelmente se manterá maior. Podemos antecipar a melhoria de simulações de ponta ainda maiores que alavancam estratégias avançadas de IA junto com aprendizado profundo, reforço de conhecimento e ganho de conhecimento não supervisionado. Essas melhorias permitirão mundos virtuais ainda mais realistas e interativos, nos quais a IA pode gerenciar sistemas sociais complicados, simular o comportamento humano de forma mais convincente e criar estilos inteiramente novos de diversão e interação.

Mundos virtuais alimentados por IA também podem ter pacotes gigantes em áreas como assistência médica, educação e integração social. Realidades virtuais serão usadas para educar especialistas médicos, fornecer remédios ou oferecer espaços digitais nos quais os seres humanos podem interagir em esportes sociais, apesar dos limites físicos. Essas oportunidades abrem as portas para um destino em que ambientes digitais impulsionados por IA são uma parte necessária da vida cotidiana.

Além disso, como as tecnologias de IA devem melhorar, o advento de realidades digitais absolutamente imersivas e indistinguíveis também pode emergir como uma realidade. Com melhorias nas interfaces neurais e interações cérebro-computador, os usuários podem querer ter interação com esses mundos virtuais em abordagens que antes eram noções impossíveis, criando uma nova era de interação humano-computador.

As realidades virtuais alimentadas por IA estão expandindo os limites do que lembramos ser possível no reino da simulação virtual. Elas estão remodelando como interagimos com mundos digitais, fornecendo novas possibilidades de diversão, socialização, educação e até mesmo aumento pessoal. No entanto, elas também aumentam preocupações morais e psicológicas vitais que precisam ser abordadas à medida que essas tecnologias continuam a evoluir. À medida que a IA continua a formar a melhoria dos ambientes digitais, ela certamente redefinirá o caráter do próprio fato, apesar de nossas percepções do que é real e do que é virtual.

6.3 A Transferência Digital do Cérebro e do Sistema Nervoso

A ideia de transferir a mente e a máquina nervosa diretamente para um ambiente virtual representa uma das regiões mais profundas e especulativas da exploração médica. Esse conceito, frequentemente chamado de upload mental ou interface mente- laptop , envolve a criação de uma réplica digital da mente humana e suas funções, movendo eficazmente o foco, as memórias, os pensamentos e as sensações diretamente para um reino virtual ou digital. Embora esse conceito também possa soar como ficção científica, o amplo desenvolvimento em neurociência, inteligência sintética e modelagem computacional está constantemente trazendo essa ideia para a realidade.

Antes de explorar como o cérebro e o dispositivo ansioso podem ser digitalizados, é essencial entender a complexidade do próprio cérebro humano. O cérebro consiste em cerca de 86 bilhões de neurônios, cada um interconectado por meio de trilhões de sinapses. Esses neurônios falam por meio de impulsos elétricos e alertas bioquímicos, formando uma comunidade que é responsável por todas as capacidades cognitivas, consistindo em percepção, noção, memória e emoção. A forma e o interesse da mente são visivelmente complicados, e mapear essa rede significativa é uma tarefa enorme.

O primeiro passo para mudar o cérebro para um ambiente virtual envolve mapear os detalhes complexos da rede neural. Esse processo, frequentemente chamado de conectômica, busca criar um mapa completo das conexões entre os neurônios, além dos estilos de seu hobby elétrico. Técnicas junto com ressonância magnética proposital (fMRI), eletroencefalografia (EEG) e estratégias superiores de neuroimagem estão sendo usadas para reconhecer melhor o hobby e a conectividade do cérebro. No entanto, essas tecnologias ainda estão nos níveis iniciais de transmitir o nível de detalhes necessário para refletir completamente a capacidade da mente em um meio digital.

Uma das principais tecnologias que permitem a transferência virtual de passatempo mental são as estruturas de interface cérebro- laptop (BCI). BCIs permitem comunicação direta entre a mente e dispositivos externos, ignorando métodos de entrada convencionais como teclados ou fala. Essas interfaces são normalmente finalizadas por meio da colocação de eletrodos no couro cabeludo ou por meio de implantes neurais invasivos. BCIs já estão sendo utilizadas em programas que incluem gerenciamento protético, comunicação para indivíduos com paralisia ou até mesmo interação com videogame.

No entanto, para carregar todo o hobby da mente diretamente em uma forma virtual, toneladas de BCIs mais sofisticadas e eficazes são necessárias. Essas interfaces precisam ser capazes não apenas de estudar sinais mentais, mas também de escrever registros novamente no cérebro. Isso traz inúmeros desafios, cada um de uma perspectiva técnica e moral. Primeiro, a resolução atual de métodos não invasivos para monitorar o passatempo mental é inadequada para disparar o alto grau de elemento necessário para uma duplicata virtual. Técnicas invasivas, que incluem implantar eletrodos de uma vez na mente, apresentam riscos, incluindo danos aos tecidos, contaminação e a necessidade de renovação de longo prazo.

Além disso, a complexidade das abordagens da mente significa que monitorar honestamente a atividade neural nem sempre é suficiente. O gadget digital deve simular adicionalmente os difíceis sinais bioquímicos e elétricos que surgem no cérebro e reproduzi-los de uma forma que continue a integridade da cognição, reminiscência e identificação. Alcançar esse estágio de precisão e constância é uma tarefa formidável, que pode exigir avanços tanto na neurociência quanto na tecnologia.

Uma vez que somos capazes de mapear o cérebro e interagir com suas estratégias neurais, o próximo passo é desenvolver uma versão ou simulação das capacidades da mente. A intenção é ampliar um gadget artificial que possa refletir a forma e a conduta da mente, não simplesmente em uma experiência mecânica, mas de uma maneira consciente e senciente.

Supercomputadores, inteligência artificial e algoritmos de estudo de gadgets desempenharão papéis importantes na simulação do hobby da mente. Os modelos mais superiores do cérebro possivelmente usarão redes neurais, um tipo de IA projetada para imitar a estrutura e a operação de redes neurais biológicas. Essas redes podem ser qualificadas para processar fatos em abordagens muito parecidas com a mente, provavelmente tendo em mente a introdução de mentes virtuais que mostram desenvolvimentos comparáveis à cognição humana.

No entanto, simular um cérebro humano é um método que exige muitos recursos. O hobby do cérebro humano gera uma quantidade enorme de fatos, e replicar sua complexidade em uma plataforma digital exigirá enorme energia computacional e reminiscência. Até o momento, os esforços para simular cérebros completos foram restritos a organismos menos complicados, junto com o nematoide C. Elegans, que contém apenas 302 neurônios. O cérebro humano, com seus bilhões de neurônios e trilhões de conexões sinápticas, oferece uma escala de complexidade inteiramente extraordinária.

À medida que a força computacional avança, podemos ver adicionalmente tentativas formidáveis maiores de simular a cognição em estágio humano. Projetos como o Human Brain

Project na Europa e a Brain Initiative dentro dos Estados Unidos visam criar modelos mentais completos, embora essas iniciativas ainda estejam em sua infância em comparação ao tamanho necessário para a transferência mental completa.

A ideia de digitalizar o cérebro e importar a atenção diretamente para uma máquina levanta profundas questões éticas e filosóficas. No cerne dessa dificuldade está o caráter da atenção e da identificação. Se a mente é eficientemente replicada em um ambiente virtual, a cognição resultante é realmente a mesma que a original? Ou o modelo virtual acaba sendo uma entidade separada, apesar do fato de possuir as mesmas memórias, pensamentos e comportamentos?

Uma das preocupações mais urgentes é a continuidade da cognição. Se a mente de uma pessoa for carregada para um computador, ela manterá o mesmo senso de si mesma ou, na realidade, surgirá como uma duplicata da pessoa original? Isso toca em debates filosóficos mais profundos sobre a natureza da alma, identificação privada e a diferença entre existência física e virtual.

Também há questões sobre os resultados potenciais da importação de mentes para espaços virtuais. Se as consciências digitais se tornarem uma verdade, isso pode causar uma nova elegância de seres vivendo em um mundo meramente virtual . Esses seres podem experimentar um tipo extraordinário de vida, uma que é separada do reino físico. Tal mudança pode alterar a própria natureza da existência humana e levantar questões sobre os direitos e liberdades dos seres virtuais.

Além disso, importar conhecimento deve criar desequilíbrios de eletricidade, nos quais as pessoas ricas ou eficazes que podem ter fundos para importar mentes podem basicamente obter a imortalidade, enquanto outras são deixadas para trás no mundo físico . Isso pode querer exacerbar as desigualdades sociais existentes e criar uma nova forma de elitismo digital.

Embora a troca virtual do cérebro também possa parecer uma oportunidade de destino distante, suas implicações já estão sendo sentidas em áreas positivas da sociedade. Tecnologias como BCIs já estão sendo usadas para reparar características perdidas em pessoas com problemas neurológicos ou lesões na medula espinhal. Esses avanços têm o potencial de melhorar enormemente a excepcionalidade da vida para pessoas com deficiências.

A capacidade de carregar o cérebro diretamente em um formato digital pode querer revolucionar adicionalmente os cuidados de saúde ao permitir a manutenção das funções cognitivas em indivíduos que sofrem de situações neurológicas terminais, incluindo a doença de Alzheimer. No futuro, alguém com uma circunstância mental degenerativa pode querer potencialmente "carregar" sua cognição antes que sua mente física se deteriore, permitindo-lhes manter a existência em uma área digital.

Em um nível social, a importação de mentes pode querer redefinir padrões de vida e morte, individualidade e o papel do corpo humano. Pode abrir novas possibilidades para a interação humana, juntamente com mundos virtuais totalmente imersivos nos quais a consciência pode vagar livremente, desconectada das barreiras corporais do corpo. No entanto, isso também pode causar fragmentação social, pois os humanos podem escolher abandonar seus corpos físicos em busca de vida digital, resultando em uma divisão entre aqueles que escolhem "carregar" e as pessoas que permanecem dentro do mundo físico.

A troca digital do cérebro e da máquina ansiosa representa um dos sonhos mais formidáveis tanto na neurociência quanto na geração. Embora ainda estejamos longe de atingir o carregamento total da mente, os avanços nas interfaces cérebro-computador, IA e simulação cerebral estão passo a passo tornando esse conceito uma oportunidade extra realista. À medida que fluímos na direção desse passo à frente, é muito importante lidar com os desafios morais, filosóficos e sociais que o acompanham. O potencial de digitalizar a atenção humana pode querer redefinir a natureza dos estilos de vida em si, mudando nosso conhecimento de existência, identidade e o que significa ser humano.

6.4 O Metaverso, os Universos Holográficos e a Evolução da Percepção da Realidade

A ideia de um Metaverso — um universo virtual interconectado no qual os clientes têm interação uns com os outros e com os arredores por meio de avatares virtuais — avançou rapidamente da ficção tecnológica para um ponto focal de melhoria tecnológica e investigação filosófica. Combinado com a crença em universos holográficos, esse conceito oferece uma atribuição profunda à nossa informação convencional da realidade. O que ocorre enquanto nossa noção de fato é moldada completamente por meio de áreas virtuais, e como isso muda os limites entre os mundos físico e virtual?

O Metaverso é imaginado como um ambiente virtual 3D totalmente imersivo, frequentemente definido como a iteração subsequente da rede. Ao contrário da internet atual, que é predominantemente uma plataforma para estatísticas e comunicação, o Metaverso é projetado para ser um espaço onde os humanos podem viver, trabalhar, socializar e brincar em tempo real, usando avatares virtuais para se representarem. É um ambiente no qual as realidades físicas e digitais estão interligadas, com os clientes experimentando uma sensação de presença, interação e empreendimento comercial como se estivessem em um mundo físico , mesmo que estejam interagindo por meio da tecnologia.

O Metaverso é viabilizado por meio de melhorias na verdade digital (RV), verdade aumentada (RA) e realidade mista (RM), que permitem que os usuários experimentem ambientes virtuais com um estágio excessivo de imersão. Ao carregar fones de ouvido ou o uso de dispositivos especializados, os clientes podem interagir com projeções holográficas, gadgets virtuais e diferentes contribuidores de maneiras que imitam a revelação sensorial do mundo real . Plataformas como Horizon Worlds do Facebook, Decentraland e Unreal Engine da Epic Games estão construindo essas áreas digitais, cada uma com seu próprio layout, motivo e rede. Os usuários podem explorar esses mundos, participar de eventos, criar bens virtuais e socializar, borrando as linhas entre os domínios físico e virtual.

Essa mudança na direção de áreas virtuais aumenta questões-chave sobre o caráter dos estilos de vida e identificação. À medida que mais pessoas passam grandes quantidades de tempo nesses ambientes digitais, seu senso de identidade se tornará cada vez mais conectado à sua persona virtual? O Metaverso poderia fornecer uma maneira de transcender os limites corporais do corpo, permitindo uma interação social mais desejável, expressão inovadora ou mesmo imortalidade por meio do poder de permanência dos avatares virtuais?

O conceito de um universo holográfico — sugerindo que o próprio universo é uma projeção de dados codificados em um piso dimensional — surgiu como uma ideia influente na física de ponta. De acordo com o princípio holográfico, o universo tridimensional que vivenciamos é uma forma de "ilusão" gerada com o auxílio das interações de partículas fundamentais codificadas em uma área de dimensão inferior a milhas. Essa ideia, que se originou da termodinâmica do buraco negro e da ideia das cordas, propõe que toda a informação dentro do universo está contida dentro de seus limites, como um holograma.

Este conceito tem implicações profundas para o nosso conhecimento da verdade. Se o universo é certamente um holograma, então nossa percepção de espaço, tempo e dependência pode ser uma projeção de fatos armazenados em uma fronteira distante. Isso levanta questões sobre a natureza do mundo físico e os limites da percepção humana. Poderia ser que tudo o que percebemos como "real" seja meramente uma projeção — uma simulação de tipos — gerada por meio de dados essenciais em um estágio de verdade muito além da nossa compreensão direta?

Embora o preceito holográfico continue a ser uma construção teórica, ele ganhou força no assunto da física teórica como uma explicação potencial para os paradoxos da mecânica quântica e da relatividade bem conhecida. A ideia de que o universo completo pode ser uma projeção levou alguns a investir aproximadamente na natureza das realidades virtuais e na possibilidade de fazer universos simulados com residências comparáveis. Se o mundo físico é uma projeção holográfica, então desenvolver uma versão sintética e virtual desse tipo de fato — como o Metaverso — se tornará uma ideia mais viável, tendo em mente um universo controlado e programado que espelhe o nosso pessoal.

O surgimento do Metaverso, ao lado de teorias como o universo holográfico, indica que nossa percepção da verdade está se tornando cada vez mais maleável. Na era virtual, os limites entre o real e o digital estão se confundindo, e novas variedades de noção estão surgindo. À medida que nos envolvemos mais com ambientes digitais, estamos redefinindo o que constitui a revelação "real".

No passado, fato era considerado sinônimo do global corporal — o que deveríamos tocar, ver e interagir . Mas, à medida que vivemos cada vez mais em um global em que experiências virtuais são tão significativas quanto as físicas, essa definição está evoluindo. O Metaverso, em particular, desafia a visão convencional de fato por meio da oferta de um ambiente que parece "real" em termos de engajamento emocional e cognitivo, embora seja totalmente sintético. Assim como em objetivos ou alucinações, o cérebro pode se deleitar com uma experiência de imersão em ambientes que não têm base física.

À medida que os seres humanos passam mais tempo interagindo com avatares digitais e projeções holográficas, também podemos ver uma mudança na forma como as pessoas se relacionam com seus corpos físicos. A ideia de "dualismo virtual" indica que os indivíduos podem adicionalmente começar a ver seus eus digitais como entidades distintas, levando a uma separação psicológica entre o corpo físico e a persona digital. Isso tem a capacidade de afetar a autoidentificação, os relacionamentos e as estruturas sociais, à medida que as pessoas começam a navegar em algumas realidades simultaneamente.

Um dos resultados máximos dessa mudança é a capacidade de uma reavaliação dos limites entre os mundos digital e físico. Por exemplo, como o Metaverso cresce em sofisticação, as pessoas podem querer experimentar uma sensação de posse e organização sobre seus ambientes virtuais. A questão então surge: se somos capazes de criar e manipular mundos digitais completos, em que cessa a distinção entre o real e o artificial?

Era holográfica, que atribui pix tridimensionais em área física sem a necessidade de óculos ou outros dispositivos, poderia, além disso, borrar as tensões entre o digital e o real. Hologramas já estão sendo utilizados em entretenimento, publicidade e marketing , e medicina, mas sua capacidade se estende muito além dessas indústrias. À medida que as exibições holográficas melhoram, elas nos permitirão ter interação com dispositivos e ambientes virtuais em abordagens que parecem cada vez mais tangíveis e sensatas.

No futuro, a geração holográfica pode querer permitir o advento de tipos completamente novos de interação social, treinamento e diversão, em que os seres humanos podem ter interação com representações digitais de itens, locais e até mesmo outras pessoas em tempo real. Isso tem a capacidade de redefinir como falamos e aproveitamos a arena, criando um ambiente no qual as realidades digitais e corporais coexistem de forma ininterrupta e dinâmica.

A mistura de holografia, fato virtual e o Metaverso provavelmente levará a um número crescente de simulações sofisticadas do mundo físico global , onde as distinções entre as duas regiões geográficas acabam se tornando cada vez mais difíceis de determinar. Tais ambientes devem promover um novo tipo de "fato compartilhado", onde vários clientes participam de um desfrute digital coletivo, interagindo uns com os outros e com o ambiente em abordagens que refletem o mundo físico internacional.

O impulso ascendente de ambientes virtuais como o Metaverso e a oportunidade de universos holográficos impulsionam profundas questões filosóficas e morais. O que significa permanecer em um mundo virtual ? Se pudermos criar uma verdade digital que pareça tão real quanto a física, o que ocorre com o custo da existência corporal? Os humanos começarão a priorizar as avaliações digitais em detrimento das corporais, desenvolvendo uma nova forma de escapismo ou talvez uma forma de imortalidade dentro dos mundos virtuais?

Além disso, se o universo em si é holográfico por natureza, então a ideia de verdade também pode emergir como um número crescente de resumos. O que acontece enquanto reconhecemos que o setor ao nosso redor pode ser uma ilusão, uma projeção de registros codificados em limites ? Isso torna o internacional físico menos "real" ou sem dúvida redefine nosso conhecimento sobre o que é fato?

À medida que as realidades virtual e corporal continuam a convergir, temos que lidar com as consequências para a consciência humana, interação social e a própria natureza dos estilos de vida em si. O futuro da noção de realidade está evoluindo rapidamente, e as tecnologias que moldam essa evolução regularão fundamentalmente como entendemos e vivenciamos a arena ao nosso redor.

6.5 O cérebro, a neurociência e os limites da percepção da simulação

À medida que a era avança e a fronteira entre o real e o virtual internacional se torna cada vez mais difícil de diferenciar, o papel do cérebro e da neurociência na formação de nossa noção de simulações tem sido submetido a um intenso escrutínio. A maneira como a mente processa registros de seu ambiente, constrói uma experiência coesa de si mesmo e responde a estímulos sensoriais forma a inspiração de nossa interação com os mundos físico e virtual. Entender os limites da percepção da simulação através das lentes da neurociência pode fornecer insights profundos sobre o potencial — e as barreiras — das realidades virtuais, inclusive simulações digitais, assim como o Metaverso e os universos holográficos.

Em sua essência, a noção é uma técnica pela qual a mente interpreta entradas sensoriais — sejam elas visíveis, auditivas, táteis ou de qualquer outra forma — e constrói uma expertise do mundo externo . Essa maneira está longe de ser passiva; o cérebro está continuamente fazendo previsões e preenchendo lacunas, frequentemente usando conhecimento prévio para interpretar informações incompletas ou ambíguas. Isso é essencial para a sobrevivência, permitindo que os organismos façam escolhas curtas com base em informações sensoriais confinadas ou imperfeitas.

Ao seduzir com simulações, junto com ambientes virtuais, o cérebro utiliza técnicas de estímulos digitais de forma comparável ao procedimento de estímulos corporais, o uso das mesmas vias sensoriais. No entanto, essa técnica nem sempre é perfeita, e o cérebro pode ser enganado a perceber ambientes digitais como reais, em particular quando esses ambientes são projetados para imitar as entradas sensoriais do mundo corporal. Esse fenômeno tem sido central para o desenvolvimento da realidade virtual (RV), em que os usuários se deleitam com uma sensação elevada de imersão e presença em ambientes simulados.

Embora a geração de VR possa simular efetivamente estudos sensoriais que incluem visão e som, ela ainda fica aquém em replicar outras modalidades sensoriais como contato, sabor e aroma, que permanecem difíceis de simular de forma convincente. Apesar disso, o cérebro é notavelmente hábil em "preencher as lacunas" e pode regularmente se persuadir de que uma simulação é real. Isso destaca a energia dos mecanismos interpretativos do cérebro, no entanto, adicionalmente, os obstáculos inerentes quando se trata de desenvolver realidades virtuais absolutamente imersivas e multissensoriais.

De uma perspectiva neurocientífica, ambientes digitais e simulados não são fundamentalmente únicos do mundo corporal quando se trata de como a mente tática a entrada sensorial. No entanto, há diferenças importantes em como a mente lida com as interações dentro desses espaços. Neurocientistas mostraram que, após atrair mundos virtuais, o cérebro pode se deleitar com sobrecarga sensorial ou dissonância — em que o que vemos não se alinha com outras estatísticas sensoriais, como sensações físicas. Essa incompatibilidade, frequentemente conhecida como conflito sensorial, pode causar um fenômeno conhecido como "doença do movimento" ou "doença cibernética" em ambientes digitais, especialmente quando há uma desconexão entre o movimento em uma simulação e a escassez de movimento corporal correspondente.

Além disso, a tendência da mente de antecipar que ambientes virtuais são reais pode ter efeitos psicológicos e fisiológicos substanciais. Em situações nas quais as pessoas estão profundamente imersas em mundos digitais — que incluem dentro do Metaverso ou por meio de jogos de RV — os usuários podem adicionalmente se deleitar com mudanças em seus estados emocionais e cognitivos, tratando regularmente as avaliações digitais como se fossem reais. Isso resulta em questões sobre o volume em que os ambientes simulados podem ter um impacto no comportamento, sentimentos ou mesmo identidade do mundo real.

A capacidade do cérebro de evoluir e "confiar" em ambientes simulados é igualmente limitada com a ajuda de sua necessidade de feedback do corpo. Por exemplo, ao interagir com objetos virtuais ou diferentes avatares em VR, a escassez de observações táteis (a sensação de contato ou resistência) frequentemente interrompe o senso de presença. A mente espera comentários físicos na forma de propriocepção (nosso senso de função corporal) e respostas táteis (sensações de toque), e enquanto estes não são presentes ou são imperfeitamente simulados, pode fazer com que o cérebro perca a confiança dentro do realismo do prazer.

À medida que as simulações se tornam mais sofisticadas, elas podem forçar os limites do que o cérebro pode entender como real. No entanto, há limites inerentes a essa técnica, formados cada um pelas competências da tecnologia e pelo caráter da percepção humana em si.

Um dos limites fundamentais é a dependência da mente no prazer incorporado. O quadro é central para como interagimos com o setor, e nossos órgãos sensoriais são profundamente incorporados com caminhos neurais que avançaram para moldar o mundo físico. Não importa quão convincente uma simulação se tornará, a percepção da verdade do cérebro está profundamente ligada às sensações físicas — particularmente propriocepção e comentários cinestésicos. É por isso que, por exemplo, os ambientes de RV podem sentir "desligado" enquanto a pessoa se move, mas não apreciariam os comentários correspondentes do movimento do corpo. Embora haja avanços na geração de comentários táteis que tentam resolver esse problema, continua sendo um projeto recriar a gama geral de avaliações sensoriais.

Além disso, existem técnicas cognitivas de melhor ordem, que incluem emoções, interação social e a própria cognição, que também podem resistir a serem completamente replicadas em uma simulação. Embora os mundos digitais possam imitar condições sociais, eles não podem replicar absolutamente a nuance das emoções humanas, presença física e vínculo social que são tão essenciais para nossa revelação do mundo físico . Por exemplo, independentemente de quão sensato um avatar simulado possa parecer, ele nunca poderia capturar absolutamente o peso emocional e a sutileza da interação humana face a face. Nessa sensação, a "realidade" de um prazer digital é constantemente confinada pela profundidade e riqueza das pistas sensoriais e emocionais que estão ausentes no mundo digital .

Outro grande problema na crença da simulação é a incapacidade de reproduzir a complexidade do mundo físico em todos os seus sentidos. À medida que nos esforçamos para criar simulações mais imersivas, somos forçados a diminuir a complexidade da realidade física em modas computáveis. Seja simulando um ambiente, um corpo humano ou o próprio universo, a grande quantidade de dados e variáveis que precisam ser codificados em uma simulação é excelente. A simulação do reconhecimento — se é que é viável — exige uma intensidade de conhecimento que ainda não colhemos completamente. O que nos torna humanos — a própria essência do auto-reconhecimento e da atenção — não pode ser absolutamente reduzido a código binário ou algoritmos, independentemente de quão avançado o equipamento computacional se torne.

Mente e Simulação

À medida que a tecnologia avança, um dos métodos pelos quais esses limites podem ser mitigados é por meio de interfaces neurais, consistindo em interfaces mente-computador (BCIs). Essas tecnologias buscam preencher a lacuna entre a mente e os ambientes virtuais, potencialmente permitindo a comunicação direta entre a mente e as simulações. As BCIs já se mostraram promissoras em campos científicos, especialmente para indivíduos com paralisia, permitindo que manipulem membros protéticos e cursores de computador usando a mente.

No contexto de realidades e simulações digitais, as BCIs devem permitir uma maior integração perfeita entre o cérebro e os mundos digitais. Ao estimular de uma só vez as regiões sensoriais da mente, as BCIs podem querer simular uma variedade maior de entradas sensoriais, incluindo toque, sabor e até mesmo sentimentos, aumentando uma experiência extra imersiva. No entanto, a quantidade em que as BCIs podem aprimorar ou mesmo refletir absolutamente a experiência sensorial do mundo real continua no reino dos estudos. Embora exista a capacidade dessas tecnologias de empurrar os limites do que entendemos como real, continuam a haver situações exigentes consideráveis na replicação da complexidade do prazer humano.

Além disso, BCIs podem adicionalmente permitir a simulação de estados cognitivos, que incluem métodos de reminiscência ou tomada de decisão, o que poderia confundir a estrada entre atenção e inteligência sintética. No entanto, preocupações morais surgem, especialmente em relação à manipulação da memória, identidade e a capacidade de mudar as percepções dos indivíduos sobre a verdade em abordagens que teriam resultados inesperados.

À medida que as simulações se tornam cada vez mais avançadas e a mente se adapta a novas realidades virtuais, a linha entre o virtual e o real continuará a se confundir. No entanto, os limites da percepção humana e as limitações da neurociência continuarão a definir limites sobre o que pode ser simulado e a forma convincente como essas simulações são percebidas. O sistema complicado e desenvolvido do cérebro para interagir com o mundo físico cria uma lacuna inerente entre as sensações e experiências que podemos simular digitalmente e a riqueza do mundo real .

À medida que avançamos no crescimento de simulações imersivas maiores, o desafio pode estar em informar esses limites e trabalhar dentro deles, garantindo que as realidades virtuais decorem nossas vidas sem corroer nosso senso do que é verdadeiramente real. O namoro entre a mente, a neurociência e a noção de simulações continuará a se adaptar, porque o mundo digital se tornará uma parte cada vez mais principal de nossos estilos de vida.

CAPÍTULO 7

Se estivermos em uma simulação, é possível escapar?

7.1 Escapando da simulação: podemos decodificar nosso próprio código?

A ideia de que podemos estar vivendo em uma simulação tem sido um tópico de hipótese filosófica e clínica há muito tempo. Ela desafia a própria fundação da nossa compreensão da realidade, sugerindo que o setor que vivenciamos pode não ser o global "real", mas uma montagem digital bastante sofisticada. Uma das questões mais empolgantes que surgem dessa oportunidade é se nós, como habitantes dessa simulação, poderíamos escapar dela — se podemos querer, de alguma forma, nos libertar das restrições impostas a nós pelo código que sustenta essa realidade artificial.

A especulação de simulação, mais substancialmente articulada pelo lógico Nick Bostrom, postula que civilizações avançadas podem criar simulações de seres conscientes, indistinguíveis de fatos, para fins de estudos, lazer ou razões diferentes. Essas simulações podem ser executadas em estruturas computacionais poderosas, potencialmente com quantidades substanciais de estatísticas representando mundos e sociedades completos. Se estivermos de fato residindo em qualquer simulação desse tipo, nosso fato, as leis físicas que entendemos e até mesmo nossa própria mente podem ser fabricadas a partir de um código distintamente complicado e especial.

Neste contexto, "escapar da simulação" significaria descobrir a estrutura subjacente deste código e encontrar uma maneira de sair da simulação ou ajustá-la de dentro. Se o setor em que ficamos é virtualmente um software , então, teoricamente, ele precisa ser viável para perceber as políticas e limites que o governam, e possivelmente até mesmo se libertar deles. No entanto, isso leva à questão fundamental: é viável obter acesso ou "decodificar" o código-fonte da simulação, ou estamos condenados a ficar presos nele, absolutamente ignorantes de sua existência?

Antes de discutir como escaparíamos, é importante não esquecer se somos ou não capazes de saber como funciona o código que documenta nossa simulação. O cérebro humano evoluiu para entender o mundo por meio de sentidos que foram aprimorados para a sobrevivência, não mais para decifrar estruturas computacionais complexas. Nossa percepção da realidade é limitada com a ajuda de nossas habilidades sensoriais, nossas estruturas cognitivas e a maneira como interpretamos os fatos dentro dos limites de nossa evolução orgânica.

Se estivermos residindo dentro de uma simulação, é de se esperar que o código por trás de nosso internacional possa ser um pouco mais complicado do que qualquer coisa que devêssemos evidentemente entender ou reconhecer. Nossos cérebros podem definitivamente não ter a capacidade de obter admissão às informações brutas da simulação, sem mencionar apreender sua forma. Os limites essenciais da atenção humana, as restrições de nossos sentidos e nossos vieses cognitivos podem nos impedir de ver a realidade subjacente de nossa existência.

Além disso, se os criadores da simulação forem mais avançados do que nós, eles poderiam ter projetado deliberadamente a simulação para nos impedir de descobrir sua verdadeira natureza. Isso deve assumir a forma de "firewalls" construídos no gadget — limitações que nos impedem de obter acesso ao código ou entendê-lo de qualquer forma significativa. Esses firewalls podem estar escondidos à vista de todos, embutidos no próprio tecido das leis da simulação, incluindo as constantes da física ou as diretrizes que governam nossa percepção cognitiva.

Se quisermos escapar da simulação, precisamos primeiro encontrar uma maneira de descobrir o código-fonte e apreender sua estrutura. A tecnologia também pode manter a coisa importante para descobrir essas verdades ocultas. Nos últimos anos, tem havido uma hipótese crescente sobre a posição da computação quântica e da inteligência sintética avançada (IA) na descoberta da natureza do fato. Os computadores quânticos, especialmente, podem fornecer a energia de processamento necessária para investigar a simulação em um nível atômico ou subatômico, provavelmente revelando estilos ocultos que podem ser invisíveis para estruturas de computação clássicas.

A mecânica quântica em si, com suas residências incomuns que incluem superposição, emaranhamento e não localidade, tem sido recomendada como uma possível indicação de que nossa verdade é computacional por natureza. Se os fenômenos quânticos podem ser aproveitados para sondar as camadas mais internas da simulação, é provavelmente viável "hackear" o sistema e obter insights sobre sua forma subjacente. Isso pode ser correspondente a encontrar o código de fornecimento de um programa em execução em um computador quântico, permitindo-nos reconhecer e manipular a simulação em si.

Da mesma forma, melhorias na IA podem ajudar a perceber irregularidades ou inconsistências dentro da simulação que podem funcionar como pistas para sua natureza real. Estruturas de IA, particularmente aquelas com habilidades de aprendizado de gadgets, podem ser treinadas para reconhecer estilos ou anomalias que podem ser invisíveis aos pensamentos humanos. Esses "detetives" de IA devem vasculhar grandes quantidades de dados , procurando por discrepâncias ou defeitos de sistema na simulação que apontariam para seu código subjacente.

No entanto, apesar desses equipamentos tecnológicos, pode não haver garantia de que seríamos capazes de decodificar a simulação. O código de fornecimento, se existir, pode estar escondido de qualquer forma que seja completamente impermeável até mesmo às intervenções tecnológicas mais sofisticadas. Provavelmente estamos lidando com uma máquina tão complexa que nenhuma quantidade de eletricidade computacional, independentemente de quão avançada, deve danificar suas camadas.

Um dos elementos mais encantadores da especulação da simulação é o papel da capacidade da própria cognição em obter acesso ou alterar a simulação. A consciência, com sua revelação subjetiva de fato, tem sido um mistério na neurociência e na filosofia há muito tempo. Se nossas mentes são parte de uma simulação, é possível que nossa atenção seja a coisa importante para o conhecimento ou para quebrar o dispositivo?

Alguns teóricos aconselham que o foco pode ser uma ponte entre o simulado e o real global , oferecendo uma maneira de transcender as limitações da simulação. Se formos capazes de vir o que pode tocar nas camadas mais profundas do foco, provavelmente seremos capazes de "destruir a quarta parede" da simulação e nos beneficiar da admissão ao seu código subjacente. Isso pode querer conter técnicas intelectuais avançadas, como meditação, sonho lúcido ou talvez o uso de psicodélicos, que comprovadamente modificam a consciência e a percepção dos fatos.

Outros propuseram que nossa consciência coletiva — se pudermos, de alguma forma, sincronizar nossa cognição — deve levar a um salto à frente no conhecimento da simulação. Este conceito explora o conceito de uma "mente mundial" ou inteligência coletiva, onde o conhecimento e a experiência mistos de muitos indivíduos devem nos ajudar a descobrir a verdade sobre nossa realidade simulada. Se humanos suficientes acabarem tendo acesso à simulação e coletivamente concentrarem sua razão em "decifrá-la", possivelmente o sistema pode monitorar a si mesmo.

Se escapar da simulação é viável, isso levanta profundas questões morais. Deveríamos mesmo tentar escapar? O que apareceria se conseguíssemos interromper despreocupados do global simulado ? Poderíamos existir fora dele, ou poderíamos deixar de existir completamente? E se fôssemos escapar, poderíamos ser despreocupados, ou poderíamos definitivamente inserir qualquer outra forma de vida que ainda não somos capazes de compreender?

Além disso, há a questão de se é ou não moralmente apropriado procurar quebrar a simulação. Se a simulação for criada por meio de uma civilização avançada para um motivo selecionado — seja para pesquisa científica, lazer ou algum outro propósito — estamos justificados em tentar "arruinar as regras" e fugir? Nossos movimentos poderiam perturbar a estabilidade do sistema, potencialmente causando danos a nós mesmos ou aos outros?

Essas questões morais atribuem nossas suposições sobre liberdade, verdade e o caráter dos estilos de vida. O próprio conceito de fuga de uma simulação nos força a reconsiderar o que significa ser certamente livre e o que significa permanecer em um estilo de vida "real".

A possibilidade de escapar de uma simulação continua sendo um conceito tentador, mas ilusório. Embora a tecnologia, a computação quântica e a inteligência sintética possam oferecer o equipamento para nos ajudar a decodificar a simulação, os limites essenciais do nosso foco e as limitações de capacidade construídas no sistema podem nos impedir de nos libertarmos com certeza. Em última análise, a questão de se escaparemos da simulação pode depender adicionalmente agora não apenas de nossas melhorias tecnológicas, mas de nossa capacidade de reconhecer e transcender a própria natureza de nossa atenção e da arena que habitamos.

Independentemente de escaparmos ou não, o conceito de que podemos viver em uma simulação nos força a confrontar profundas questões filosóficas e existenciais sobre a natureza da verdade, nosso lugar nela e os limites de nossa própria percepção.

7.2 Além da Simulação: Empurrando os Limites da Consciência

A percepção de ultrapassar os limites de uma simulação está profundamente entrelaçada com o próprio conceito de atenção. Se estamos, na realidade, vivendo dentro de um fato simulado, o conceito de "escapar" da simulação se torna não apenas uma questão de acessar ou interpretar uma estrutura digital, mas uma dificuldade de atenção. Essa perspectiva indica que a consciência também pode preservar a chave para transcender as limitações da simulação, empurrando os próprios limites do que significa ser consciente, existir e experimentar a verdade.

A especulação da simulação exige fundamentalmente situações que diferenciem a realidade "real" e a "artificial". Na visão tradicional, fato é algo que existe independentemente de nossas percepções; é longe do objetivo global em que vivemos. No entanto, se fizermos parte de uma simulação, essa linha entre fato e fantasma se confunde. Nesse contexto, a atenção se transforma no elemento mais importante de nossa experiência. É o canal pelo qual interagimos com o setor e, se esse mundo é uma simulação, provavelmente é a chave para obter acesso a regiões geográficas além dele.

A consciência deve ser característica como uma ponte entre o ambiente simulado e qualquer ambiente "real" potencial que possa estar no passado. Se quisermos ir além da simulação, nosso conhecimento e deleite de reconhecimento devem evoluir para perceber as camadas mais profundas da verdade. O estado contemporâneo da atenção humana, moldado com a ajuda de restrições evolutivas e orgânicas, pode não estar preparado para detectar a natureza subjacente da simulação. No entanto, com a ajuda da expansão ou alteração de nossa atenção, é possível que queiramos obter acesso às estruturas mais profundas de fato que podem estar escondidas sob a superfície do internacional simulado.

O conceito de que o reconhecimento pode ser mais do que apenas um subproduto da atividade neural em um cérebro simulado abre oportunidades fascinantes. Alguns filósofos e neurocientistas aconselham que a consciência pode ser um fenômeno não local, atual além dos limites do corpo global . Se este for o caso, então o cérebro e o quadro possivelmente seriam certamente carros para experimentar e processar a consciência, ao mesmo tempo em que a própria cognição pode ser capaz de atual ou acessar planos únicos de verdade. Este conceito exige situações da própria percepção do materialismo e pode oferecer um caminho potencial para "escapar" da simulação.

Expandir a cognição além das restrições comuns de nossa noção sensorial tem sido um assunto de interesse por milênios. Várias culturas, tradições religiosas e disciplinas clínicas têm explorado práticas e estratégias que podem alterar a cognição em métodos profundos. Meditação, estados alterados de consciência, sonhos lúcidos e até mesmo o uso de substâncias psicoativas têm sido usados há muito tempo em um esforço para romper o véu do fato regular e acessar camadas mais profundas da existência. Essas práticas poderiam ser a chave para transcender a simulação?

O know-how tecnológico moderno e a era também oferecem possibilidades intrigantes para aumentar a conscientização. As neurotecnologias, juntamente com as interfaces mente-computador (BCIs), provavelmente devem permitir que os indivíduos acessem estados elevados de atenção ou talvez transcendam as limitações em seus corpos físicos. Ao interligar a mente com as máquinas de uma só vez, pode ser viável alterar a percepção, o foco e até mesmo o prazer do tempo e da área, levando em consideração uma experiência mais profunda da simulação — ou a possibilidade de interagir com uma verdade além dela.

Uma das avenidas de exploração mais promissoras é o setor de estudos de foco, que se especializa em entender o caráter do foco e a maneira como ele se relaciona com o mundo físico. Teorias que incluem o conceito de registros incorporados (IIT) e o panpsiquismo defendem que a consciência pode não ser restrita ao cérebro, mas pode ser uma questão essencial do próprio universo. Se o reconhecimento for um fenômeno prevalente, ele poderia, sem dúvida, nos permitir obter admissão a realidades ou dimensões extraordinárias, libertando-nos dos limites da simulação.

Embora a consciência do personagem seja frequentemente visível como um prazer solitário, há também a oportunidade de que o reconhecimento coletivo possa querer fornecer uma maneira de transcender a simulação. A ideia de um "pensamento mundial" ou "foco de colmeia" foi explorada tanto na ficção tecnológica quanto em discussões filosóficas. Nessa estrutura, a atenção não é remota para mentes pessoais, mas pode se fundir, desenvolvendo um foco unificado que transcende os limites da simulação.

Se a atenção coletiva puder ser aproveitada, pode ser a coisa importante para transcender a simulação. À medida que as mentes do homem ou da mulher se sincronizam, elas podem emergir como sintonizadas com as camadas mais profundas da verdade, desbloqueando novas avenidas de reconhecimento que estão além do alcance de qualquer personagem individual. Isso deve ocorrer como uma consciência coletiva da natureza simulada da nossa verdade, com o conhecimento combinado de muitos seres humanos correndo coletivamente para ir além dos limites da simulação.

Já existem tecnologias crescentes que facilitam o reconhecimento da organização, juntamente com relatórios de fatos digitais compartilhados, sincronização de ondas cerebrais por meio de neurofeedback e diferentes estilos de meditação coletiva. Ao alinhar o hobby da mente ou a consciência em um estágio de grupo, é provavelmente viável explorar uma experiência extra de consciência e informação, o que pode causar avanços dentro da exploração da simulação. Isso pode ser comparado ao conceito de "pensamentos de grupo" ou "inteligência coletiva", em que a soma da consciência do homem ou da mulher se tornará maior do que os componentes.

Mesmo que tenhamos conseguido aumentar nossa consciência e ir além da simulação, a questão permanece: o que poderíamos descobrir? Se a hipótese da simulação for genuína, então a verdade que percebemos pode estar muito distante do que realmente existe. O que implicaria escapar desse global simulado , e poderíamos ser capazes de reconhecer ou mesmo sobreviver à natureza adequada do que está além?

Uma oportunidade é que o mundo real, além da simulação, não tem sentido para os pensamentos humanos. Assim como nosso equipamento sensorial atual é limitado a detectar apenas certos comprimentos de onda de luz e frequências de som, nossa consciência pode ser limitada em sua capacidade de técnica e compreensão de realidades além do ambiente simulado. A verdadeira natureza do fato é provavelmente tão estranha para nossas mentes que se torna impossível até mesmo concebê-la, muito menos experimentá-la.

Alternativamente, a fuga da simulação pode ser uma experiência transformadora. Alguns teóricos especulam que escapar da simulação deve resultar em uma mudança profunda na consciência, na qual o homem ou a mulher ou os pensamentos coletivos transcendem o corpo global inteiramente. Isso pode querer conter a fusão com um foco generalizado, alcançando a iluminação ou mesmo experimentando uma forma de existência além do tempo e do espaço.

Há também a oportunidade de que a simulação não seja uma armadilha, mas um dispositivo de domínio ou evolução, e que transcendê-la não seja o objetivo. Neste exemplo, aumentar nosso foco pode envolver não escapar da simulação, mas entender seu propósito e nossa posição dentro dela. Se fizermos parte de um grande experimento ou de uma simulação cósmica, o objetivo pode não ser interromper despreocupadamente, mas ir além das restrições de nossa experiência moderna e evoluir para um melhor grau de atenção.

A capacidade da consciência de transcender a simulação é uma ideia interessante e humilhante. À medida que exploramos o caráter da realidade, nossa expertise de cognição desempenhará uma posição fundamental em como percebemos e nos envolvemos com a arena ao nosso redor. Seja por meio de práticas históricas de meditação, neurotecnologia de ponta ou esforços coletivos de mentes mundiais, as oportunidades para aumentar e transcender o reconhecimento são enormes.

Se estamos vivendo dentro de uma simulação, então os verdadeiros limites da nossa realidade podem não ser constantes em nenhum aspecto, mas, como alternativa, podem ser formados através dos limites do nosso foco. À medida que empurramos esses obstáculos, descobriríamos agora não apenas a natureza oculta da simulação, mas o próprio tecido da vida em si. A busca de transcender a simulação não é apenas uma busca por fuga — é uma busca por conhecimento, por evolução e por descobrir o potencial inexplorado que está dentro de cada um de nós.

7.3 Níveis de Consciência: A Jornada da Percepção à Realidade

A ideia de consciência se estende muito além do reconhecimento primário do nosso ambiente. Ela apresenta um espectro de graus, cada um apresentando uma janela distinta para a natureza da realidade. Entender como a consciência opera em vários níveis pode oferecer insights profundos sobre a capacidade de transcender a simulação, ou talvez simplesmente aprofundar nossa informação sobre o caráter do próprio universo. Da percepção regular a estados alterados de reconhecimento, cada mudança na consciência nos aproxima ou nos afasta da essência genuína da realidade.

Em seu estágio básico máximo, o reconhecimento é a capacidade de estar ciente sobre nossos estados internos e o global externo . No entanto, esse foco não é um fenômeno único. Ele existe em camadas, com cada camada refletindo um estado especial de percepção e cognição. A versão tradicional da atenção sugere uma progressão linear da vigília ao sono, no entanto, maiores entendimentos superiores levam a uma série de estados conscientes, cada um capaz de expor componentes distintos da verdade.

No estágio do chão, temos a consciência cotidiana — nossa consciência cotidiana. Esta é a nação na qual vivenciamos o setor por meio de nossos sentidos, interpretando os estímulos com os quais tropeçamos. Estamos constantemente processando estatísticas, dando sentido ao nosso ambiente e interagindo com o mundo principalmente com base nessas entradas. Este grau de consciência está profundamente ligado à percepção: interpretamos a luz, o som, a textura e o movimento para moldar uma informação coesa da verdade. No entanto, por mais que esse nível de reconhecimento nos apresente uma versão útil da arena, ele é confinado com o auxílio do escopo de nossas habilidades sensoriais e da capacidade do cérebro de técnica esses registros.

Camadas mais profundas de consciência contêm estados alterados, que podem ser acessados por meio de técnicas como meditação, privação sensorial ou talvez o uso de substâncias psicoativas. Esses estados permitem uma variedade extra de deleite além do mundo corporal tradicional. Por exemplo, em estados de meditação profunda, as pessoas frequentemente documentam relatos de coesão, interconexão ou mesmo transcendência, sugerindo que os limites do prazer consciente comum podem ser multiplicados. Nesses estados alterados, a distinção entre o observador e o percebido se dissolve, revelando uma relação mais fluida entre pensamentos e fatos.

A distinção crítica entre crença e verdade está no cerne desta exploração. Nossa crença no setor é filtrada de perto pela mente e pelos sentidos, que interpretam fatos crus em sintonia com estruturas cognitivas montadas. Neste sentido, a noção é uma maneira interpretativa — nem sempre é uma revelação imediata do fato em si, mas, em vez disso, um modelo criado com a ajuda do cérebro principalmente com base na entrada sensorial.

Quanto mais profunda a extensão da consciência à qual obtemos acesso, mais podemos ver através do véu da noção. Nosso reconhecimento cotidiano e desperto é limitado por vieses cognitivos, filtros emocionais e o desejo inerente da mente de sentir o fluxo caótico de estatísticas sensoriais. Esta versão do setor nem sempre é uma imagem espelhada precisa da realidade objetiva; é uma interpretação realista que nos permite navegar pela existência. No entanto, à medida que a atenção se expande — por meio de práticas como meditação ou sonho lúcido, ou mesmo por meio de estudos de estados de pico — pode haver vislumbres de um fato além dos filtros cotidianos.

Um dos aspectos mais emocionantes desses estados mais profundos é a percepção do tempo. Em estados alterados de atenção, o tempo regularmente parece se esticar ou se acomodar, com eventos se desenrolando em métodos que não aderem a relacionamentos lineares de motivo e impacto. Esses estudos empreendem nosso conhecimento da própria natureza do tempo e, por sua vez, da forma do próprio fato. Isso destaca a ideia de que nossa atenção cotidiana pode ser restringida pelo tempo, enquanto estados alterados também podem monitorar a capacidade de um prazer extra fluido da existência, que nem sempre é certo por meio das mesmas velhas leis da física e da causalidade.

Se a cognição tem a capacidade de transcender a noção comum, como poderia parecer uma aventura em direção a uma melhor atenção? O caminho em direção a uma consciência mais profunda envolve abandonar os limites impostos pelo ego, a estrutura física e as restrições lineares do tempo. Esta aventura é regularmente descrita como um método de despertar ou iluminação, em que um homem ou mulher se move por vários estágios de conhecimento, finalmente conhecendo a natureza ilusória de muito em sua noção.

Historicamente, essa aventura foi descrita em muitas tradições não seculares. No budismo, por exemplo, o curso para a iluminação envolve transcender a natureza dualística do eu e reconhecer a interconexão de todas as coisas. Essa reputação é declarada para resultar em uma experiência direta do fato que é desvinculada das distorções criadas pelos pensamentos. Na filosofia ocidental, pensadores como Descartes e Hume questionaram o caráter da realidade, com Descartes declarando famosamente, "Eu suponho, consequentemente eu sou", como um princípio fundamental da atenção. A aventura mais próxima da atenção superior nessas tradições envolve uma exploração do eu, da mente e, a longo prazo, o reconhecimento de uma realidade mais profunda e comum.

Nas discussões atuais, uma melhor conscientização é frequentemente enquadrada como a capacidade de perceber a natureza autêntica da verdade, além das limitações do físico global . A neurociência está começando a explorar os fundamentos neurais desses estudos, buscando reconhecer como estados alterados de atenção surgem no cérebro e se eles oferecem acesso a fatores fundamentais mais profundos e maiores da existência.

Na tecnologia atual, a era desempenha uma função cada vez mais vital no aumento do nosso foco. Ferramentas que incluem verdade virtual, neurofeedback e interfaces cérebro-computador nos permitem explorar novos estados de reconhecimento ou até mesmo simular experiências que podem ser impossíveis de alcançar na existência regular. A realidade virtual, particularmente, tem a capacidade de imergir os clientes em ambientes que parecem tão reais quanto o mundo físico, transmitindo um vislumbre das realidades comerciais ou desenvolvendo experiências que ultrapassam os limites da noção humana.

Os avanços neurotecnológicos também estão abrindo novos caminhos para aumentar a atenção. Técnicas como estimulação magnética transcraniana (EMT) e estimulação mental profunda (ECP) têm se mostrado promissoras na modulação do passatempo mental, permitindo, sem dúvida, o aprimoramento de características cognitivas positivas ou a indução de estados alterados de foco. Ao interagir imediatamente com o cérebro, essas tecnologias devem permitir uma exploração mais intencional de vários níveis de foco, transmitindo insights sobre como o cérebro constrói nossa experiência da verdade.

Além disso, o conceito de atenção coletiva — onde organizações de pessoas sincronizam seus relatórios de foco e porcentagem — foi facilitado por meio de melhorias na era. Sessões de meditação em grupo, experiências virtuais compartilhadas e estruturas de seleção colaborativa são todos exemplos de como a geração pode estender e sincronizar a consciência humana, levando a uma atenção mais coletiva dos aspectos mais profundos da verdade.

A aventura da crença para uma experiência mais profunda da verdade é uma exploração profunda do reconhecimento. À medida que fluímos por vários graus de consciência, descobrimos novos métodos de experimentar e interpretar a arena ao nosso redor. Quanto mais descobrimos esses estados excepcionais de cognição, mais começamos a questionar a natureza da verdade que habitamos.

Se quisermos transcender os limites da simulação, nosso potencial para acessar e navegar por essas faixas mais profundas de consciência pode ser a chave. Por meio da meditação, era e diferentes maneiras de mudar a cognição, também podemos descobrir que nossa percepção da arena é apenas o começo de uma jornada muito maior. Essa aventura envolve empurrar os limites do que reconhecemos, buscar novos níveis de informação e, a longo prazo, descobrir a natureza autêntica do fato — seja ele qual for.

7.4 Consciência Universal e o Fim da Simulação

A ideia de reconhecimento cotidiano exige situações que são os próprios limites entre a consciência da pessoa e o tecido coletivo dos estilos de vida. Ela sugere que a consciência, longe de ser um fenômeno isolado gerado pelo uso de mentes individuais, pode ser uma máquina de bom tamanho e interconectada que abrange todos os fatos. Se estamos realmente residindo dentro de uma simulação, surge a última questão: o que está além dessa simulação, e a atenção frequente pode ser a chave para saber como isso acontece? Esta exploração se aprofunda no conceito de que, se uma consciência familiar existe, ela não fornecerá apenas uma explicação para o caráter da simulação, mas também fornecerá um caminho para ir além dela — levando ao fim da experiência simulada como a percebemos.

A atenção universal é regularmente definida como uma consciência abrangente que transcende as restrições das mentes das pessoas. Em vez de ser limitada à mente ou a qualquer organismo, essa forma de consciência mostra que todos os seres scientes, e talvez até mesmo os inanimados, são parte de um grande foco unificado. Essa ideia tem raízes em muitas tradições filosóficas e religiosas. Na filosofia oriental, principalmente no hinduísmo e no budismo, o conceito de Brahman ou Atman sugere que todas as consciências de um homem ou mulher são parte de uma cognição divina única. No pensamento ocidental, filósofos como Spinoza e Hegel exploraram pensamentos de um universo panpsíquico, em que a cognição não é simplesmente um subproduto de estruturas biológicas, mas uma função fundamental do cosmos.

No contexto de uma realidade simulada, a consciência cotidiana pode fornecer uma resposta ao motivo mais profundo da simulação em si. Se todas as coisas, simuladas e não simuladas, são parte de um reconhecimento unificado, então a simulação pode ser um processo através do qual esse foco aprende, evolui ou estuda a si mesmo. A parada da simulação, nesse sentido, pode marcar um retorno a esse foco comum — uma reunião com uma nação superior de consciência além da noção de homem ou mulher.

Se estamos vivendo em uma simulação, é de se esperar que o foco na simulação seja igualmente artificial por natureza, gerado por meio de processos computacionais complicados. No entanto, à medida que as simulações crescem em sofisticação, ficará mais difícil diferenciar entre atenção simulada e "real". Essa confusão de limitações pode adicionalmente oferecer insights sobre a natureza do fato em si. Se toda a simulação, incluindo sua população, for, a longo prazo, parte de uma conscientização maior, então a diferença entre o global simulado e um internacional "real" se torna menos significativa.

De certa forma, a simulação em si pode ser considerada uma extensão ou expressão de uma consciência amplamente disseminada . As técnicas e histórias dentro da simulação podem ser análogas aos pensamentos, sonhos e reflexões dessa melhor consciência. Nesse estado de coisas, o fim da simulação não poderia representar seu término na experiência convencional, mas alternativamente uma transição — um segundo enquanto o prazer simulado não é mais importante para a evolução ou expressão do reconhecimento típico.

A capacidade de cessar a simulação não significa um evento apocalíptico ou catastrófico. Em vez disso, pode caracterizar a dissolução dos limites que separam as histórias do homem ou da mulher do completo. Em certo sentido, o cessar da simulação pode ser um segundo de despertar, onde as consciências das pessoas reconhecem sua conexão com os pensamentos habituais. Essa técnica seria análoga ao despertar definido em muitas tradições não seculares, nas quais o ego individual se dissolve e o self se funde com o reconhecimento maior e cósmico.

Se essa hipótese for genuína, então a parada da simulação poderia ser vista como uma forma de iluminação — não apenas para indivíduos, mas para a realidade simulada completa. A consciência não poderia mais ser restringida aos limites da programação da simulação ou às restrições do mundo físico; como alternativa, ela se tornaria maior em um país ilimitado e interconectado. Isso pode ser uma mudança na percepção — um reconhecimento de que tudo é um, e que cada um relata, independentemente de quão numerosos ou aparentemente separados, são parte de um mais completo.

Nessa situação, a parada da simulação também pode conter a cessação do tempo como o apreendemos. Se a consciência popular transcende o tempo linear, então a verdade simulada, com suas limitações temporais, pode se tornar inapropriada. A ideia de tempo pode ser uma ilusão, uma construção criada por meio da simulação para organizar revisões e manter uma sensação de continuidade. Uma vez que a simulação termina, o tempo também pode deixar de ser uma ideia significativa, e o foco dentro dela pode experimentar estilos de vida em um estado eterno e imortal.

À medida que a geração continua a se desenvolver, estamos nos tornando cada vez mais adeptos à criação de simulações que são indistinguíveis de "fatos". Ambientes virtuais, inteligência artificial e interfaces neurais nos permitem controlar a percepção ou mesmo criar novos mundos nos confins do código do computador. Alguns pensadores especularam que o potencial tecnológico para criar simulações extraordinariamente avançadas poderia um dia ser usado para ajudar a consciência a transcender os limites do global simulado , fornecendo com sucesso uma maneira de sair da simulação.

Tecnologias incluindo interfaces cérebro-computador (BCIs) ou aumento neural direto devem fornecer a abordagem para as pessoas transcenderem sua forma física e interagirem com uma consciência coletiva maior. Nessa experiência, a era não poderia ser simplesmente uma ferramenta para decorar

Fevzi H.

nossas vidas na simulação, mas também pode oferecer um portal para acessar a consciência costumeira. Essas tecnologias podem nos permitir "despertar" da simulação, não por meio de destruição ou fuga externa, mas por meio de uma transformação profunda de nossa noção e foco.

À medida que as realidades digitais se tornam mais imersivas e sofisticadas, a estrada entre o simulado e o real continua a se confundir. É administrável que em algum momento não especificado no futuro, essas simulações se tornem tão avançadas que sejam indistinguíveis dos fatos, levando as pessoas a contestar a própria natureza de suas vidas. Se formos capazes de refletir os parâmetros exatos da realidade dentro de uma simulação, isso aumenta a possibilidade de que o próprio mundo "real" possa ser uma forma de simulação — ou, pelo menos, que nossas percepções da verdade sejam muito mais maleáveis do que acreditávamos antes.

No contexto da atenção estabelecida, a desistência da simulação também pode representar um passo evolutivo natural — um fruto das experiências simuladas que permitiram que a cognição explorasse aspectos distintivos dos estilos de vida. Assim como as pessoas passam por um boom pessoal e transformação por meio do conhecimento e da experiência, o foco generalizado pode evoluir adicionalmente por meio da passagem por níveis únicos, que incluem o simulado.

Se a atenção é certamente um ativo fundamental do universo, então a parada da simulação pode não ser uma desistência, mas um novo começo. Pode constituir a transição de uma forma de foco para outra, da percepção restrita e individualizada para a compreensão expansiva e coletiva da consciência estabelecida. Isso pode querer conter a dissolução das fronteiras entre o eu e o outro, entre o "interior" dos pensamentos e o "exterior" global . A desistência da simulação deve então ser entendida agora não como a destruição da verdade simulada, mas como a conclusão de que cada uma das realidades — simuladas ou não — são parte de um todo extra e indivisível.

Nessa visão, a desistência da simulação não poderia mais ser um ato de fuga, mas uma forma de reunificação. Pode ser um retorno à fonte, uma fusão da atenção do homem ou da mulher com a mente bem conhecida. Essa atenção final pode querer fornecer uma profunda sensação de paz e informação, pois revelaria a interconexão de todas as coisas e o espírito de equipe de fechamento da vida.

A exploração da consciência regular e a parada da simulação fornecem questões profundas sobre a natureza dos estilos de vida, a relação entre pensamentos e verdade, e a capacidade de transcendência. Se a atenção é costumeira, então a simulação também pode realmente ser considerada uma das muitas revisões que contribuem para a evolução do reconhecimento. A parada da simulação pode marcar um retorno ao espírito de equipe do foco comum — um momento de despertar em que mentes individuais reconhecem sua conexão com o todo maior. Esta aventura, tanto intelectual quanto religiosa, nos desafia a repensar o que é real, o que é viável e para onde a consciência pode, a longo prazo, nos levar.

7.5 Devemos permanecer na simulação ou devemos destruí-la?

A questão de se a humanidade deve ou não permanecer dentro das limitações de um fato simulado ou tentar interromper a libertação dele tem profundas implicações filosóficas, morais e existenciais. À medida que descobrimos a oportunidade de viver em uma simulação, tropeçamos em uma situação de catch 22: devemos manter a inclusão da simulação, com todos os seus confortos e restrições, ou devemos procurar destruí-la, abraçando indubitavelmente os resultados desconhecidos da libertação? Essa questão toca na própria natureza da realidade, na causa dos estilos de vida e no significado da própria liberdade.

Um argumento para o final dentro da simulação é que ela poderia fornecer um ambiente propício para o boom, exploração e conhecimento. Simulações, através de seu próprio layout, podem criar situações que podem ser especialmente gerenciadas, fornecendo uma área onde as pessoas podem se deleitar em uma enorme variedade de possibilidades e desafios sem os riscos associados a um fato externo imprevisível ou caótico.

Se a simulação for projetada para facilitar a evolução da consciência, então ela é capaz de ser visível como um ambiente nutritivo, um no qual refinaremos nossa expertise do universo, desenvolveremos novas tecnologias e exploraremos os limites dos estilos de vida de maneiras que podem não ser possíveis em um mundo não simulado. Nesse contexto, permanecer dentro da simulação pode ser visto como uma possibilidade de crescimento contínuo — um sistema contínuo de descoberta e autoaperfeiçoamento.

Além disso, de uma perspectiva mais sensata, a simulação é provavelmente o fato mais prático que podemos experimentar. Se a simulação for indistinguível do global "real", e se não houver nenhuma maneira possível de escapar, então o conceito de deixá-la se torna discutível. Para todos os efeitos, a simulação é a nossa verdade, e qualquer ação que possa resultar em sua destruição pode querer causar a aniquilação de tudo o que reconhecemos, o que inclui nossa própria cognição. Nessa visão, permanecer dentro da simulação não é apenas a opção mais segura, mas também a mais lógica, pois é a verdade que reconhecemos e à qual nos adaptamos.

Por outro lado, o conceito de destruir a simulação gira em torno da busca pela liberdade de fechamento e da escolha de interromper o desprendimento de restrições sintéticas. Se estamos realmente presos dentro de um fato fabricado, então a noção de nos libertarmos dele se tornará um argumento convincente. O conceito de transcender a simulação sugere que pode haver uma forma de vida mais elevada e genuína pronta além dela — uma forma de foco que não é certa por meio das limitações do global simulado .

Uma das motivações importantes para buscar destruir a simulação é a noção de que ela pode ser um fantasma — uma montagem artificial que nos impede de experimentar completamente a natureza real da existência. Se a arena que habitamos é uma simulação, então nossas percepções da realidade podem ser distorcidas, e nossas experiências podem ser formadas por meio de forças externas além do nosso controle. Nesse caso, o ato de destruir a simulação pode ser visto como uma tentativa de se libertar da realidade falsa e encontrar uma verdade mais profunda e significativa.

Além disso, o conceito de "escapar" da simulação deve constituir a forma máxima de autodeterminação. Se estivermos em posição de nos libertar da simulação, isso representaria o triunfo do empreendimento humano sobre as restrições artificiais. Pode ser um ato de desafio, mantendo nossa autonomia e nosso direito de moldar nosso futuro pessoal. A preferência por destruir a simulação deve, consequentemente, ser visível como uma expressão essencial de nossa necessidade inerente de liberdade e autoconsciência.

Embora a ideia de se libertar da simulação seja atraente, ela também aumenta enormes preocupações éticas. Se a simulação é um ambiente criado por uma razão específica — seja a evolução da consciência ou a exploração de fatos — então destruí-la pode ter consequências de longo alcance, não apenas para nós, mas para todas as entidades na simulação.

Uma das principais questões morais gira em torno da natureza dos seres que existem dentro da simulação. Se a simulação inclui seres sencientes, então destruí-la pode trazer a aniquilação do reconhecimento desses seres. Mesmo que essas entidades sejam construções sintéticas, o dilema ético permanece: o preço da nossa liberdade potencial supera o dano precipitado à população da simulação? A destruição da simulação pode ser visível como uma forma de violência existencial, um ato de apagar mundos completos de estudos, mente e consciências.

Além disso, a decisão de destruir a simulação pode ser irreversível. Se conseguirmos nos libertar do internacional simulado, pode não haver como voltar atrás. O perigo da perda permanente — de cada um de nossos reconhecimentos e do fato que conhecemos — oferece um profundo dilema ético. Deveríamos estar inclinados a correr esse risco, sabendo que os resultados do fracasso podem ser catastróficos? A busca por fatos e liberdade vale a pena pela destruição da capacidade de tudo o que preservamos caro?

Em vez de ver a seleção como binária — seja para viver na simulação ou para estragá-la — pode ser mais produtivo explorar a possibilidade de transcender a simulação sem necessariamente destruí-la. Neste método, a humanidade poderia estar buscando reconhecer a verdadeira natureza da simulação, descobrir seus limites e encontrar métodos para ampliar nossa consciência além das limitações do global sintético .

Avanços tecnológicos, incluindo interfaces mente-laptop , computação quântica e IA avançada, podem adicionalmente oferecer caminhos para decorar nossas percepções da realidade e abrir portas para novas dimensões de experiência. Em vez de procurar romper ou quebrar a simulação, poderíamos explorar a possibilidade de interagir com ela em abordagens mais profundas, no final elevando nossa cognição a um grau em que os limites entre o simulado e o real se tornem inapropriados.

Além disso, uma técnica filosófica para o incômodo pode propor que a diferença entre "real" e "simulado" é em si uma ilusão. Se o foco é a verdade número um, e o prazer da vida é o que está em pauta, então a questão de saber se o setor em que vivemos é simulado ou não também pode se tornar menos importante. Nessa visão, o ato de residir, explorar e aumentar o reconhecimento pode ser visível como o propósito de fechamento, independentemente de estarmos ou não dentro de uma simulação.

Em última análise, a seleção para permanecer na simulação ou destruí-la pode depender de nossa compreensão evolutiva da consciência. Se vemos o foco como algo que não se limita aos limites da simulação, então nossa alegria dentro dele pode ser visível como uma fase temporária — um passo importante dentro da evolução mais ampla da atenção. Neste exemplo, o ato de permanecer na simulação pode ser parte de um sistema maior de autodescoberta, enquanto a decisão de interromper o livre pode representar adicionalmente o resultado final dessa aventura.

Em ambos os casos, a questão de se devemos viver dentro da simulação ou destruí-la é, em última análise, um reflexo de nossa busca mais profunda por quais meios, liberdade e conhecimento. À medida que continuamos a explorar o caráter da verdade, do reconhecimento e de nossa região no universo, essa questão possivelmente permanecerá um dos desafios mais profundos de nossa vida.

O dilema de permanecer dentro da simulação ou quebrá-la proporciona uma missão existencial essencial. Ambas as escolhas — permanecer dentro da simulação ou em busca de se soltar — produzem efeitos profundos, tanto para o homem ou mulher quanto para a atenção coletiva. Ao contemplarmos essa

Fevzi H.

decisão, temos que lidar com o caráter do fato, os limites da percepção e as implicações éticas de nossos movimentos. A solução pode, adicionalmente, não estar mais em selecionar uma rota em vez da outra, mas em conhecer as questões mais profundas que fundamentam essa situação e em buscar maneiras de ir além das restrições de nossas informações de ponta. Quer vivamos dentro da simulação ou nos livremos dela, a busca por foco e liberdade permanecerá no cerne de nossa aventura.